LECCIONES DE DERECHO PROCESAL CONSTITUCIONAL

PROCESOS JUDICIALES DE NATURALEZA CONSTITUCIONAL

Antonio J. Bello Lozano Márquez

O! Ediciones

© **LECCIONES DE DERECHO PROCESAL CONSTITUCIONAL**
ANTONIO J. BELLO LOZANO MÁRQUEZ

FEBRERO 2013

Editado Por:
O! Ediciones.
Av. El Estadio Qta. El Prado,Local No. 1,
Los Chaguaramos, Caracas, ZP 1040.
Email: editor@oediciones.com

www.oediciones.com

Depósito Legal Nº: lf2522013340752
ISBN: 978-980-12-6436-1
Caracas-Venezuela.

Autor:
Antonio J. Bello Lozano Márquez
bellolozano@gmail.com

Editor:
Orlando DJ Hernández
oeditor@oediciones.com

Diseño Gráfico:
David Beamount
david.beaumont@bbcreativos.com

Diagramación y Montaje:
Moisés A. Hernández N.
moises.hernandez@editorialdelao.com

Impresión:
O! Ediciones
Av. El Estadion, Qta. El Prado, Local No. 1
Los Chaguaramos, Caracas - DC, ZP 1040.
info@editorialdelao.com

Encuadernación:
Gráficas León, C.A.
graficasleon@gmail.com
Teléfono: 0212-571-17-75

LECCIONES DE DERECHO PROCESAL CONSTITUCIONAL

PROCESOS JUDICIALES DE NATURALEZA CONSTITUCIONAL

Antonio J. Bello Lozano Márquez

Enséñese lo que se entienda,
enséñese lo que sea útil,
enséñese a todos;
eso es todo.

Cecilio Acosta

Prólogo

El destacado Abogado, Profesor Universitario y Doctor en Ciencias Jurídicas, Antonio Bello Lozano Márquez, nos presenta su más reciente obra jurídica cuyo título es "Lecciones de Derecho Procesal Constitucional", la cual debe convertirse en un texto de consulta obligatoria para abogados en ejercicio, estudiantes, profesores y operadores de justicia; ello por tratarse de un texto ordenado y práctico, que de forma clara y sencilla nos enseña los procesos judiciales de carácter constitucional y en especial aquellos cuya competencia corresponde a la Sala Constitucional del Tribunal Supremo de Justicia de la República Bolivariana de Venezuela.

La obra constituye una valiosa herramienta de ayuda en la interpretación del sentido y alcance de nuestro ordenamiento jurídico en materia de procesos constitucionales, presentada con una sincronizada adminiculación entre normas sustantivas y adjetivas contenidas en la Constitución de la República Bolivariana de Venezuela, la Ley Orgánica del Tribunal Supremo de Justicia, la Ley Orgánica de Amparo sobre Derechos y Garantías Constitucionales, el Código de Procedimiento Civil y las principales sentencias dictadas por la Sala Constitucional del Tribunal Supremo de Justicia, como intérprete de las normas y principios constitucionales, sin menoscabar el apoyo doctrinario en la cita de importantes tratadistas; lo que permite condensar en su solo texto legislación, jurisprudencia y doctrina, junto con el análisis e interpretación del autor producto de su formación académica y experiencia profesional desarrollada a lo largo de más de tres décadas en el ejercicio del derecho y en la docencia en la Universidad Santa María, lo que permite como resultado un aporte integral en el estudio de esta importante área de las Ciencias Jurídicas.

Mención especial tiene el tratamiento que da el autor en el Capítulo I a los Principios Procedimentales en la Ley Orgánica del Tribunal Supremo de Justicia, así como el Capítulo VII al análisis de la calificación realizada por la Sala Constitucional de los Derechos Fundamentales cuya protección corresponde a la acción de Amparo Constitucional y su competencia según el tipo de amparo de que se trate. Igualmente cabe destacar la diagramación de los distintos esquemas que representan el recorrido procesal de cada uno de los procedimientos tratados a lo largo del texto, con una identificación clara de cada uno de sus pasos, lo que facilita su aprendizaje.

Expreso mis más merecidas felicitaciones al Dr. Antonio Bello Lozano Márquez, por el esfuerzo y dedicación empeñados en la realización de esta obra, que de seguro se verán compensados por el éxito a obtener, y agradezco la deferencia que ha tenido para conmigo al distinguirme con el Prólogo de la misma.

Alfredo Marrero Rodríguez
Decano de Postgrado
Universidad Santa María

Caracas, febrero 2013

Índice de Contenido

Sentencias citadas

Sentencia No. 3.180 del 15/12/04. *P17*

Sentencia Nº 85 del 24/1/02 caso ASODEVIPRILARA. *P21*

Sentencia Nº 1.884 del 3/10/2000. *P21*

Sentencia Nº 95 del 15/3/00. *P22*

Sentencia No. 708 del 10/5/2001 caso Juan Adolfo Guevara y otros. *P22*

Sentencia No. 142 del 2/2/06. *P23*

Sentencia No. 2.087 del 14/12/2002 caso Hugo Roldán Martínez Páez. *P23*

Sentencia No. 875 del 30/5/08. *P23*

Sentencia No. 144 del 24/3/2000. *P24*

Sentencia No. 1.886 del 14-12-11. *P25*

Sentencia No. 1.174 del 12/8/2009. *P28*

Sentencia No. 7 del 1/2/2000. *P33*

Sentencia No 158 del 28/3/00. *P33*

Sentencia No. 1.347 del 9/11/2000. *P34*

Sentencia No. 1.174 del 12/8/09. *P37*

Sentencia No. 252 del 10/3/11. *P40*

Sentencia No. 727 del 8/4/2003. *P42*

Sentencia No. 2.735 del 7/3/03. *P48*

Sentencia No. 796 del 22/7/10. *P48*

Sentencia No. 2.651 del 2/10/03. *P49*

Sentencia No. 2.588 del 11/12/01. *P49*

Sentencia No. 1.412 del 10/07/07. *P49*

Sentencia No. 163 del 28/2/08. *P52*

Sentencia No. 1.064 del 13/8/02. *P52*

Sentencia No. 1.547 del 17-11-2011. *P53*

Sentencia No. 1.556 del 9/7/02. *P58*

Sentencia No. 191 del 4/3/11. *P58*

Sentencia No. 1.285 del 13/8/08. *P58*

Sentencia No. 1.819 del 8/8/2000. *P63*

Sentencia No. 03-207 del 18/6/03. *P63*

Sentencia No. 226 del 18/02/03. *P64*

Sentencia No. 889 del 31/5/2001. *P71*

Sentencia No. 356 del 11/5/00. *P71*

Sentencia No. 2.651 del 2/10/03. *P72*

Sentencia No. 567 del 22/3/2002. *P71*

Sentencia No. 2.922 del 7/10/05. *P73*

Sentencia No. 1.077 del 2/9/00. *P78*

Sentencia No. 03-2.031 del 7/6/04. *P82*

Sentencia No. 1.347 del 9/11/00. *P84*

Sentencia No. 565 del 15/3/2008. *P85*

Sentencia No. 1.684 del 4/11/08. *P85*

Sentencia No. 1.197 del 23/7/2008. *P86*

Sentencia No. 2 del 9 de enero de 2013. *P87*

Sentencia No. 1.234 del 13-07-01. *P94*

Sentencia No. 1.358 del 22-10-12. *P94*

Sentencia No. 01/20/1/00. *P95*

Sentencia No. 1.086 del 23-07-12. *P97*

Sentencia No. 1.346 del 27/7/2007. *P98*

Sentencia No. 1.242 del 28/7/08. *P98*

Sentencia No. 523 del 9/4/2001. *P98*

Sentencia No. 196 de la Sala Electoral del 19/12/06. *P99*

Sentencia No. 304 del 6/3/08. *P99*

Sentencia No. 953 del 16/6/08. *P99*

Sentencia No. 1.571 del 22/08/01. *P101*

Sentencia No. 2.192 del 6/12/06. *P102*

Sentencia No. 358 del 24/2/2006. *P103*

Sentencia No. 44 del 2/3/00. *P109*

Sentencia No. 1.204 del 26/11/10. *P110*

Sentencia No. 864 del 21-06-12. *P111*

Esquemas de Procesos

Introducción

Una de las acepciones del término lección es la de *"Todo lo que en cada vez señala el maestro al discípulo para que lo estudie",* siendo que el origen de esta obra es precisamente las clases que hemos venido impartiendo en las aulas de la Universidad Santa María en sus cursos de postgrado.

La idea del libro es desarrollar los diferentes procedimientos de naturaleza constitucional que se ventilan ante los Tribunales de la República y en especial ante la Sala Constitucional del Tribunal Supremo de Justicia, tomando en cuenta para ello la copiosa jurisprudencia que se ha generado a raíz de la entrada en vigencia de la Constitución de la República de 1999; de manera que el lector pueda tener una noción básica, pero práctica, de todas estas cuestiones y que le sirva de ayuda tanto en su quehacer académico como en el profesional.

Si he tomado en forma prestada e inconsciente algún pensamiento ajeno sin hacer la debida mención, pido disculpas de antemano, y añado como mero atenuante que este libro es en sí una recopilación de ideas plasmadas en muchas obras y en decisiones judiciales sobre la materia.

Siguiendo la técnica aplicada en el aula de clases, están insertados al final de cada capítulo los diferentes esquemas que hemos venido utilizando para facilitar la comprensión de los elementos básicos de cada procedimiento.

La Chinita. Caracas 2013

Capítulo I

Nociones del Derecho Procesal Constitucional

Temas del Capítulo:

Capítulo I

Nociones del Derecho Procesal Constitucional

Definición de Derecho Procesal Constitucional

Tomando en consideración lo expresado por el tratadista *Hernando Devis Echandia*[1], se puede definir al Derecho Procesal Constitucional como el conjunto de normas que fijan los procedimientos que se han de seguir en la aplicación de la justicia constitucional, lo mismo que las facultades, derechos, cargas y deberes relacionados con ésta y que determinan las personas que deben someterse a la jurisdicción del Estado y los funcionarios encargados de ejercerla.

La Exposición de Motivos de la Constitución de la República Bolivariana de Venezuela de 1999 —CRBV— establece que la justicia constitucional la ejercen todos los Tribunales de la República mediante el control de la constitucionalidad y por los medios, acciones o recursos previstos en la Carta Magna y en las leyes, con el fin de obtener una tutela judicial reforzada de los derechos humanos reconocidos y garantizados expresa o implícitamente por el texto constitucional.

Fuentes del Derecho Procesal Constitucional

El autor *Arístides Rengel Romberg*[2] define a las fuentes del Derecho Procesal como las reglas o cánones de que puede valerse el juez en el proceso para valorar la significación de las conductas procesales que debe juzgar y fundar la fuerza de convicción que ha de tener la resolución que dicte.

Las principales fuentes del Derecho Procesal Constitucional son:

a. Constitución de la República Bolivariana de Venezuela.

b. Acuerdos y Tratados Internacionales.

c. Ley Orgánica del Tribunal Supremo de Justicia.

---

[1] Devis Echandía, Hernando . Derecho Procesal Civil

[2] Rengel Romberg, Arístides, Tratado de Derecho Procesal Civil Venezolano

d. Ley Orgánica de Amparo sobre Derechos y Garantías Constitucionales.

e. Código de Procedimiento Civil.

f. La jurisprudencia y la doctrina.

El autor *Román Duque Corredor*[3] señala que las constituciones modernas son actos del cuerpo social constituido para el ejercicio de la función constituyente, y no se limitan a regular la organización del Estado, sino que son proyectos de ordenación permanente de la vida social, estableciendo las bases y los principios fundamentales de los ordenamientos jurídicos: civiles, mercantiles, penales, procesales, laborales, entre otros.

El art. 23 de la CRBV consagra que los tratados, pactos y convenciones relativos a derechos humanos, suscritos y ratificados por la República tienen jerarquía constitucional, prevalecen en el orden interno en la medida que contengan normas más favorables a los establecidos en la propia Carta Magna y en las demás leyes, y son de aplicación directa por parte de los Tribunales y demás órganos del Poder Público.

La Ley Orgánica del Tribunal Supremo de Justicia —LOTSJ— establece las disposiciones que regulan los procesos preceptuados en la misma; desarrolla los procedimientos del avocamiento, antejuicio de mérito, demanda de protección de derechos e intereses colectivos y difusos, y del hábeas data; contiene las normas que regulan las demandas de nulidad de leyes y actos con rango de ley, nulidad de actos en ejecución directa de la Constitución, omisiones legislativas, colisión de leyes, controversias constitucionales e interpretación de normas y principios constitucionales.

La Ley Orgánica de Amparo sobre Derechos y Garantías Constitucionales —LOADYGC— regula el trámite de la acción de amparo constitucional previsto en el art. 27 de la Carta Magna, la cual consagra como un derecho fundamental; regulando igualmente esta ley el procedimiento para el Hábeas Corpus constitucional.

Establece el art. 253 CRBV, que corresponde a los órganos del Poder Judicial conocer de las causas y asuntos sometidos a su competencia mediante los procedimientos que determinen las leyes; esta norma se complementa con lo establecido en el art. 7 del Código de Procedimiento Civil — CPC — de acuerdo con el cual los actos procesales han de realizarse en la forma prevista en tal código y en las leyes especiales, y sólo cuando la ley no señale la forma de realización de algún acto, serán admitidas todas aquellas que el juez considere idóneas para lograr los fines del mismo. El CPC constituye una

---

[3] Duque Corredor, Román Temario de Derecho Constitucional y de Derecho Público

forma supletoria ante la necesidad de establecer el procedimiento para hacer efectivos los derechos consagrados en la Constitución y que no hayan sido desarrollados legislativamente; la LOTSJ en su art. 98 prevé que las reglas del mencionado código adjetivo regirán como normas supletorias en los procesos que cursen ante el Máximo Tribunal.

Dispone el art. 335 de la CRBV que las interpretaciones que establezca la Sala Constitucional sobre el contenido y alcance de las normas y principios constitucionales son vinculantes para las otras Salas del Tribunal Supremo de Justicia y demás Tribunales de la República; por lo que si tomamos en consideración que la jurisprudencia como fuente del derecho debe entenderse como la producción jurídica que crea, modifica y extingue el derecho, entonces las decisiones de la Sala Constitucional que gocen de esas características tendrán el carácter de fuente. Como bien lo señala la autora Nancy Granadillo Colmenares[4], la Sala Constitucional expresa a través de diversas formas de estilo el carácter vinculante de sus decisiones y en tal sentido utiliza frases como *"con carácter vinculante"*, *"doctrina constitucional"*, *"doctrina vinculante"*, *"precedente constitucional"*, con las cuales se refiere al carácter obligatorio que adquiere la decisión.

La Sala Constitucional —Sentencia No. 3.180 del 15/12/2004— con base al principio de la confianza legítima, ha indicado que la uniformidad de la jurisprudencia es la base de la seguridad jurídica, como lo son los usos procesales o judiciales que practican los Tribunales y que crean expectativas entre los usuarios del sistema de justicia, de que las condiciones procesales sean siempre las mismas, sin que caprichosamente se estén modificando.

Según GUASP, citado por Bello Lozano[5], constituye fuente del Derecho Procesal todo aquello de donde surge un precepto jurídico que encuadre dentro de esa disciplina, y a tales fines considera a la doctrina; entendiéndose esta como el estudio de los tratadistas para la formación y desarrollo del derecho. La Constitución Política de Colombia en su art. 230, dispone que la equidad, la jurisprudencia, los principios generales del derecho y la doctrina son criterios auxiliares de la actividad judicial.

---

[4] Granadillo Colmenares, Nancy Carolina Sentencias Vinculantes de la Sala Constitucional del Tribunal Supremo de Justicia.

[5] Bello Lozano, Humberto, Síntesis de Derecho Procesal Civil.

Desarrollo de los valores, principios y normas constitucionales

La CRBV señala expresamente la existencia de valores, los cuales han de entenderse como los principios orientadores del comportamiento, estableciendo en tal sentido el art. 2 la conformación de un Estado Democrático y Social de Derecho y Justicia; por su parte, el art. 335 establece que se garantiza la supremacía y efectividad de las normas y principios constitucionales.

Según el autor Roman Duque Corredor[6] existen valores constitucionales los cuales operan en un primer plano, por lo que la Carta Fundamental no está solamente conformada por las reglas o normas, sino también por valores y principios que sirven para orientar su interpretación más allá del texto escrito. En segundo plano, operan los principios constitucionales, los cuales desarrollan los valores superiores como los de libertad y justicia, y que se despliegan a través de los principios de la tutela judicial efectiva y del debido proceso. En un tercer nivel, se colocan las normas o reglas constitucionales, los cuales operan como cualquier norma del derecho que prevé un supuesto de hecho concreto y una consecuencia jurídica.

En cuanto a los principios, la doctrina los define como los reglamentos rectores, directrices y preceptos que señalan las reglas que gobiernan la actividad procesal o de cualquier otra índole; estableciendo la concepción política del Estado. En la teoría jurídica, el término principio se usa generalmente para referirse a las llamadas *bases axiológicas* en las que se funda el orden jurídico y a las cuales se recurre cuando de *lege data* no es posible satisfacer la exigencia de los valores para cuya realización el orden normativo ha sido instituido. En materia procesal se les define como las orientaciones generales que nos indican la manera cómo han de desarrollarse las instituciones del proceso, enseñando al legislador la forma de su estructuración y facultando el estudio comparativo de los diferentes sistemas, tanto en el presente como en el pasado, constituyendo a la vez una clara guía de interpretación.

La Sala Constitucional del Tribunal Supremo de Justicia —sentencia del 9/3/2000 caso José Alberto Quevedo— por su parte ha señalado que la Constitución no sólo está formada por un texto, sino que está impregnada de principios que no necesitan ser repetidos en ella, porque al estar inmersos en el texto, son la causa por la cual existen.

Por tanto, para la mejor compresión de los distintos procedimientos judiciales que existen en materia de derecho constitucional, resulta fundamental comprender en qué consisten los valores, principios, normas y garantías que

---

[6] Duque Corredor, Román Obra citada

para esta materia contiene la Constitución de la República, cuyo estudio básico es el siguiente:

1) Estado Democrático y Social de Derecho y de Justicia:

El art. 2 de la CRBV establece que Venezuela se constituye en un Estado Democrático y Social de Derecho, que propugna como valores superiores de su ordenamiento jurídico y de su actuación, la vida, la libertad, la justicia, la igualdad, la solidaridad, la democracia, la responsabilidad social, y en general, la preeminencia de los derechos humanos, la ética y el pluralismo político.

La Sala Constitucional del Tribunal Supremo de Justicia —Sentencia N° 85 del 24/1/02 caso ASODEVIPRILARA— ha expresado que la Constitución en su art. 2 no define que debe entenderse por Estado Social de Derecho ni cuál es su contenido jurídico; sin embargo, considera que la Carta Fundamental permite ir delineando el alcance del concepto desde el punto de vista normativo, en base a diferentes artículos. En tal sentido, considera la Sala que el Estado Social de Derecho tiene un contenido jurídico, el cual está integrado también por el Preámbulo de Constitución y los conceptos de doctrina, que permitan entenderlo, definiendo así que es un valor general del derecho constitucional venezolano.

La Sala Político Administrativa del Máximo Tribunal —Sentencia N° 1.884 del 3/10/2000— señala que cuando el Estado se califica como de Derecho y Justicia y establece como valor superior de su ordenamiento jurídico a la Justicia y la preeminencia de los derechos fundamentales, no está haciendo más que resaltar que los órganos del Poder Público —y en especial el sistema judicial— deben inexorablemente hacer prelar una noción de justicia material sobre las formas y tecnicismos propios de una legalidad formal. Esa noción de justicia material adquiere especial significación en el campo de los procesos judiciales, en los que el derecho a la defensa y el debido proceso, la búsqueda de la verdad como elemento consustancial a la justicia, y en el entendimiento de que el acceso a la justicia es para que el ciudadano haga valer sus derechos y puede obtener una tutela efectiva, conforman una cosmovisión de Estado justo, del justiciable como elemento protagónico de la democracia, y del deber ineludible que tienen los operadores u operarios del Poder Judicial de mantener el proceso y las decisiones dentro del marco de los valores y principios constitucionales.

2) Supremacía Constitucional:

Este principio consagra que la Constitución es la Ley fundamental y es la base de la estructura política y jurídica del Estado. Las consecuencias de este principio es que todos los actos del Poder Público y de los ciudadanos deben estar sujetos a la Carta Fundamental, debiendo configurarse todo un sistema judicial que controle los actos del Estado para circunscribirlos a la Constitución y para proteger los derechos y garantías de los ciudadanos.

3) Integridad de la Constitución:

Señala la Sala Constitucional —Sentencia N° 95 del 15/3/00— que todos los jueces, y en especial los constitucionales, están en la obligación de asegurar la integridad de la Constitución. Esta obligación tiene como objetivo evitar que las normas de la Carta Magna se desmejoren y que las personas que pidan la intervención del Poder Judicial en el orden constitucional, así como las que actúan en dicho procesos, reciban los beneficios constitucionales integralmente, sin permitir extralimitaciones o situaciones que perjudiquen los derechos constitucionales de las partes.

4) Legalidad:

Está consagrado en el art. 253 de la CRBV al establecer que corresponde a los órganos del Poder Judicial conocer las causas o asuntos sometidos a su consideración mediante los procedimientos que determinen las leyes; previsión que complementa el art. 7 del CPC al establecer que los actos procesales se realizarán en las formas previstas en las leyes, y sólo cuando no se señalen estas, el juez podrá disponer el medio idóneo para lograr los fines de los mismos.

5) Tutela Judicial Efectiva:

El art. 26 de la CRBV consagra el derecho a la tutela judicial efectiva, el cual encuadra su razón de ser en que la justicia es uno de los valores fundamentales presentes en todos los aspectos de la vida social, por lo cual debe impregnar todo el ordenamiento jurídico y constituir uno de los objetivos de la actividad del Estado, en garantía de la paz social.

La Sala Constitucional del Tribunal Supremo de Justicia —Sentencia No. 708 del 10/5/2001 caso Juan Adolfo Guevara y otros— señala que el derecho a la tutela judicial efectiva comprende el derecho a ser oído por los órganos de administración de justicia establecidos por el Estado; el derecho a que cumplidos los requisitos establecidos en las leyes adjetivas, los órganos judiciales decidan conforme a derecho determinando el contenido y la extensión del derecho deducido; y que la justicia sea expedita, sin dilaciones indebidas y sin formalismos o reposiciones inútiles. Para la Sala la conjugación de los arts. 2, 26 ó 257 de la CRBV, obligan al juez a interpretar de forma amplia, las instituciones procesales al servicio de un proceso cuya meta es la resolución del conflicto de fondo, de manera imparcial, idónea, transparente, independiente, expedita y sin formalismos o reposiciones inútiles.

La Sala Constitucional —Sentencia No. 142 del 2/2/06— señala que la tutela judicial efectiva garantiza tres aspectos del procedimiento:

a. El acceso a la justicia;

b. El proceso debido y que comprende las garantías del juez imparcial, asistencia de abogado, derecho a la defensa y derecho a un proceso sin dilaciones indebidas; y

c. El derecho a la ejecución de la sentencia conforme al procedimiento establecido.

6) Orden Público y Debido Proceso:

De acuerdo a la definición contenida en el Diccionario Jurídico Venezolano D&F, se entiende por orden público el conjunto de condiciones fundamentales de vida social instituidas en una comunidad jurídica, los cuales por afectar centralmente a la organización de ésta, no pueden ser alteradas por la voluntad de los individuos.

Señala la Sala Constitucional —Sentencia No. 2.087 del 14/12/2002 caso Hugo Roldán Martínez Páez— que entre los distintos principios o instituciones que integran y dan sustancia a la noción de orden público constitucional, uno de los fundamentales es el debido proceso, por cuanto es éste el que permite articular válidamente las etapas, formas, actos y fines que componen e informan a todas y cada uno de los diferentes procedimientos judiciales que habrán de ser empleados por los justiciables cuando requieran de los órganos jurisdiccionales la tutela de sus derechos e intereses.

Define Jaime Bernal Cuellar el debido proceso, como aquel conjunto de pasos metodológicamente establecidos que deben permitir que los operadores de justicia se aproximen a la verdad de los hechos investigados, resguarden los derechos fundamentales del ser humano y restablezcan el orden jurídico para dar eficacia al derecho sustancial.

7) Derecho a la Defensa:

Señala la Sala Constitucional —Sentencia No. 875 del 30/5/08— que de conformidad con la garantía fundamental de acceso a la justicia prevista en el art. 26 de la CRBV, todos tienen derecho de acceder a los órganos de la administración de justicia para la defensa de sus derechos e intereses; siendo este uno de los elementos que conforman la tutela judicial efectiva. En tal sentido, el derecho a la defensa y a la asistencia técnica en todas las actuaciones judiciales, incluyendo cualquier estado de la investigación y del proceso, se consagra como un derecho inviolable y a fin de garantizar a toda persona el conocimiento previo de las cargas por lo que se los investiga y las pruebas que obran en su contra, así como disponer del tiempo adecuado para preparar los medios con los cuales se defienda, y principalmente el derecho a recurrir del fallo adverso en procura de una revisión superior.

8) Juez Natural:

Señala la Sala Constitucional —Sentencia No. 144 del 24/3/2000— que el ser juzgado por el juez natural es una garantía judicial, y un elemento para que pueda existir el debido proceso. En la persona del juez natural, quien debe ser un funcionario predeterminado por la Ley y debidamente constituido, deben confluir varios requisitos, que básicamente son los siguientes:

a. Ser independiente;

b. Ser imparcial;

c. Tratarse de una persona identificada e identificable;

d. Preexistir como juez para ejercer la jurisdicción sobre el caso;

e. Ser un juez idóneo, apto para juzgar, especialista en el área jurisdiccional donde vaya a obrar; y

f. Que sea competente por la materia.

9) Motivación de la sentencia:

Se trata de una garantía relacionada con el debido proceso y la tutela judicial efectiva. En tal sentido, la Sala Constitucional respecto a la necesidad de motivación de la sentencia , ha señalado —sentencia No. 889 del 30/5/08— que el fallo debe contener las razones de hecho y de derecho que expresan los jueces como fundamento de su dispositivo; las primeras están formadas por el establecimiento de los hechos con ajustamiento a las pruebas que los demuestran y, las segundas por la aplicación a éstos de los preceptos y los principios doctrinarios atinentes.

10) Doble Instancia:

Consagra el art. 8 de la Ley Aprobatoria de la Convención Americana Sobre Derechos Humanos, la garantía de la doble instancia en el proceso y que permite recurrir del fallo ante un juez o tribunal superior. Dicho principio, a pesar de no estar recogido en la Constitución vigente, se aplica con jerarquía constitucional conforme al art. 25 de la Carta Magna y solo sufre excepciones en los procesos que en una sola instancia se ventilan ante el Tribunal Supremo de Justicia, ya que estando el mismo en el pináculo del Poder Judicial sobre él no hay ningún otro tribunal que pueda conocer en una doble instancia, tal y como lo ha expresado la Sala Constitucional (sentencia N° 95 del 15/3/00).

La Sala Constitucional ha señalado —Sentencia No. 1.886 del 14-12-11— que no devienen en inconstitucionales aquellas normas de procedimiento —distintos al ámbito penal— que dispongan que contra la sentencia definitiva, no cabe recurso de apelación, pues la doble instancia no constituye una garantía constitucional, como si lo son la tutela judicial efectiva y el debido proceso. En criterio de la referida Sala, la circunstancia que determinados juicios se sustancien en una sola instancia, responde en algunos casos a la voluntad del legislador de descongestionar, dentro de lo posible, los Tribunales de la República, para lo cual creó determinados procedimientos que por su cuantía, se sustancian en única instancia.

Principios procedimentales en la Ley Orgánica del Tribunal Supremo de Justicia

El art. 85 de la LOTSJ prevé que los procesos previstos en la misma se regirán por los principios de gratuidad, simplicidad, economía, uniformidad, inmediación, oralidad y realidad; estableciendo que la justicia no se sacrificará por la omisión de formalidades no esenciales; igualmente, la ley en cuestión consagra la aplicación de los principios dispositivo, legitimación, celeridad, concentración, transparencia, publicidad e interés público, los cuales se analizan a continuación.

1) Gratuidad:

La gratuidad de la justicia está establecida para todos los ciudadanos por el simple hecho de que la administración de justicia es un servicio público y una manifestación del Poder Público del Estado, siendo entonces él quien deba sufragar los gastos de un sistema que justifica su propia existencia. La CRBV en su art. 254 establece que el Poder Judicial no está facultado para establecer tasas aranceles, ni exigir pago alguno de los servicios que presta a los justiciables, ya que las costas y gastos derivados de la prestación del tal servicio público han sido asumidos por la República.

2) Simplicidad y Uniformidad:

De acuerdo con lo preceptuado en el art. 257 de la CRBV, las leyes procesales deben establecer la simplificación, uniformidad y eficacia de los trámites. Así tenemos, que salvo los procedimientos relacionados con las demandas de Protección de Derechos e Intereses Colectivos y Difusos y de Hábeas Data, la LOTSJ dispone que todos los procesos que se ventilan ante la Sala Constitucional se tramitarán en los mismos términos previstos de los arts. 128 al 144, consagrando un procedimiento oral y público.

En razón de esa simplicidad, cuestiones como el control de la constitucionalidad de los Tratados Internacionales y de los Decretos de Estados de Excepción, la revisión constitucional, la resolución de conflictos entre Salas del Tribunal Supremo de Justicia, la determinación de la constitucionalidad del carácter orgánico de las leyes y la solicitud de inconstitucionalidad que formule el Presidente de la República de ley sancionada por la Asamblea Nacional, serán decididas sin sustanciación procesal.

3) Economía Procesal:

El autor Rodrigo Rivera Morales[7] señala que con este principio se pretende que en el proceso se obtenga un mayor resultado con el mínimo empleo de la actividad procesal. En razón de este principio se consagra que no se sacrificará la justicia por la omisión de formalidades no esenciales, tal y como lo dispone el art. 85 de la LOTSJ.

4) Inmediación:

Este principio trata de la presencia física del juez que va a fallar en los diversos actos procesales que señala la Ley y para la dirección de tales actos. La Sala Constitucional ha establecido que el principio de la inmediación en su fase clásica, requiere la presencia del sentenciador en la evacuación de pruebas, puede tener distintas manifestaciones o grados, a saber:

a. Que el juez presencie los actos de la recepción de las pruebas, pudiendo intervenir no sólo dirigiéndolas, sino realizando actividades probatorias atinentes al medio (interrogatorios, etc).

b. Que el juez no presencie personalmente *in situ* la evacuación de la prueba, pero si la dirige de una manera mediata, utilizando técnicas y aparatos de control remoto, que le permiten aprehender personalmente los hechos mediante pantallas, sensores, monitores o aparatos semejantes (video conferencias, por ejemplo), coetáneamente a su ocurrencia.

---

[7] Rivera Morales, Rodrigo Recursos Procesales

c. Que el juez, ambas partes, quienes así han controlado la igualdad de le circunstancias en la práctica de la prueba, presenten en la audiencia pública, reproducciones de imágenes y sonidos a fin de que el sentenciador aprehenda los hechos mediante estas reproducciones.

5) Oralidad:

Este principio contempla que los alegatos se realicen oralmente en presencia del juez, lo que permite al juzgador aclarar todo lo relativo a la determinación de cuáles son los hechos controvertidos.

6) Realidad:

La primacía de la realidad sobre los hechos o apariencias constituye un principio rector de la actividad judicial, y faculta a los jueces que indaguen y establezcan la verdad material de los hechos suscitados. Así tenemos por ejemplo, que la Sala Constitucional del Tribunal Supremo de Justicia, con base a este principio, ha establecido la existencia de grupos empresariales o financieros, determinando en tal sentido que el acreedor de una de las sociedades vinculadas puede accionar contra otra con la que carecía objetivamente de relación jurídica, sin que ésta pueda oponerle su falta de cualidad o interés.

7) Dispositivo:

De acuerdo con el criterio de la Sala Constitucional del Tribunal Supremo de Justicia, la amplitud de las potestades del juez constitucional se encuentran presentes en cualquier caso, lo cual implica que no se encuentra regido del todo por el principio dispositivo, y eso le permite requerir cuando lo desee, pruebas adicionales que le permitan la convicción de la existencia o no de una lesión constitucional; sin embargo, esa amplitud de potestades no implica la obligación de emplearlas cuando las partes hayan sido negligentes en el ejercicio de sus defensas y probanzas, debiendo cuidar que se preserve el equilibrio procesal.

El art. 89 de la Ley Orgánica del Tribunal Supremo de Justicia dispone que el Máximo Tribunal va a conocer de los asuntos que le competan a petición de parte interesada, pero no obstante podrá actuar de oficio en los casos que disponga la Ley. En el caso de la demanda popular de inconstitucionalidad prevista en el art. 32 de la citada ley, se dispone que en el proceso no privará el principio dispositivo, pudiendo la Sala suplir las deficiencias o técnicas insuficientes del demandante por tratarse de un asunto de orden público.

8) Legitimación:

El autor Arístides Rengel Romberg[8] define a la legitimación como la cualidad necesaria de las partes, y señala que el proceso no debe instaurarse indiferentemente entre cualesquiera sujetos, sino precisamente entre aquellos que se encuentran frente a la relación material o interés jurídico controvertido en la posición subjetivas de legítimos contradictores, por afirmarse titulares activos y pasivos de dicha relación.

La Sala Constitucional ha señalado —Sentencia No. 1.174 del 12/8/2009— que la idoneidad para actuar en juicio en defensa de un estatus jurídico es lo que se conoce como la legitimación, cuyo fundamento se encuentra tanto en el monopolio legítimo de la fuerza, según el cual el Estado residencia en sus órganos jurisdiccionales cualquier reclamo que no puedan resolver los justiciables por vía de autocomposición, como en el principio del respeto a las situaciones jurídicas, según el cual se deben otorgar a los administrados los mecanismos procesales que permitan salvaguardar sus derechos e intereses frente a cualquier afectación de los mismos.

El art. 133 cardinales 3 y 6 de la LOTSJ, establece que en los procesos ante la Sala Constitucional no se admitirá la demanda cuando sea manifiesta la falta de legitimación del demandante o cuando haya falta de legitimación pasiva; igualmente en el art. 150 cardinal 3, establece la inadmisibilidad de las demandas de protección de intereses colectivos y difusos por la manifiesta falta de legitimidad del demandante.

9) Celeridad Procesal:

Este principio comporta que el proceso no resulte en términos dilatados, por tanto sanciona todas aquellas actividades y recursos que obstaculizan el normal desenvolvimiento del proceso. Igualmente, este principio determina que algunas materias deban sustanciarse con la mayor prontitud, habilitando para ello el tiempo necesario y no admitiendo incidencias procesales; tal como resulta para el caso de la demanda de Hábeas Data y que en tal sentido consagra el art. 167 de la LOTSJ.

10) Concentración:

Este principio tiende a evitar la llamada dispersión del procedimiento logrando que todos los lectos integrantes del proceso se realicen en una sola audiencia o en varias seguidas, de manera tal que el juez reciba las alegaciones y pruebas de una sola vez; así lo dispone el art. 142 de la LOTSJ.

---

[8] Rengel Romberg, Arístides Obra citada

11) Transparencia:

Dispone el art. 85 de la LOTSJ que se implementarán trámites transparentes y expeditos para la sustanciación de los procesos y para ello se favorecerá la utilización de las herramientas tecnológicas disponibles.

12) Publicidad:

Consiste este principio en que todos los actos del proceso pueden ser conocidos, no solo por las partes sino de cualquier persona. El art. 177 de la LOTSJ consagra expresamente el principio y sólo cuando estén comprometidos la moral y las buenas costumbres, o por disposición expresa de la ley, se podrá ordenar la reserva del expediente y la celebración de la audiencia a puerta cerrada.

13) Interés Público:

La Ley Orgánica del Tribunal Supremo de Justicia consagra que se garantizará la tutela judicial efectiva teniendo en cuenta los intereses públicos en conflicto, lo que determina que éstos deben privilegiarse ante los intereses particulares. Los artículos 130 y 163 de la citada ley, en materia de medidas cautelares, expresamente disponen la obligación de tener en cuenta el interés público en conflicto para acordar cualquier providencia.

Capítulo II

Justicia y Jurisdicción Constitucional

Temas del Capítulo:

Capitulo II

Justicia y Jurisdicción Constitucional

Nociones de justicia y jurisdicción constitucional

El autor Héctor Fix Zamudio citado por Domingo Garcia Belaunde[1] señala que prefiere utilizar el término *justicia constitucional* por dos razones: en primer lugar, una de orden axiológico, ya que se orienta hacia un valor muy alto, como es el norte del derecho; y en segundo lugar, técnico, pues justicia es aplicable a todos los jueces, órganos o instituciones, mientras que al hablar de *jurisdicción constitucional* debemos entender, en rigor, que nos referimos a la existencia de un tribunal especializado en esos temas.

La justicia constitucional según Jesús María Alvarado Andrade[2], es un sistema judicial encargado de garantizar la supremacía constitucional mediante el control jurisdiccional de todos los actos del Estado, a fin de adaptarlos o circunscribirlos a lo que expone la Constitución en tanto emanación de la voluntad del constituyente originaria, así como la protección de los derechos y garantías de los ciudadanos en sus relaciones con sus semejantes o en sus relaciones jurídicas con el Estado.

El Magistrado Héctor Peña Torrelles de la Sala Constitucional del Tribunal Supremo de Justicia, en voto salvo contenido en Sentencia No. 7 del 1/2/2000, expresa que la idea de justicia constitucional en los Estados de Derecho surge de la necesidad de dar protección a la Constitución frente a las arbitrariedades del Poder Público que atenten contra la preservación del orden jurídico y el respecto de los derechos fundamentales del individuo, señalando que la importancia de la justicia constitucional en Venezuela se desprende de su ubicación en el Título VIII de la Carta Magna denominado de la "Proteccion de la Constitucion" y lo cual refleja la alta responsabilidad que ha sido conferida a los órganos que integran el sistema de justicia.

La Sala Constitucional por su parte ha señalado —Sentencia No 158 del

---

[1] García Belaunde, Domingo Derecho Procesal Constitucional

[2] Alvarado Andrade, Jesús María Reflexiones sobre la Justicia Constitucional como Función Republicana/ Temas de Derecho Constitucional y Administrativo

28/3/00— que el ejercicio de la jurisdicción constitucional conforme a lo previsto en el Título VIII de la CRBV, no implica superioridad jerárquica de esa Sala, sino potestad para garantizar la supremacía constitucional, conforme al Estado de Derecho y de Justicia proclamado.

El art. 266.1 de la CRBV establece que es competencia del Tribunal Supremo de Justicia ejercer la jurisdicción constitucional; y el art. 334 prevé que todos los jueces de la República, en el ámbito de sus competencias, están en la obligación de asegurar la integridad de la Carta Fundamental consagrando así el llamado control difuso, y disponiendo que será competencia de la Sala Constitucional como jurisdicción constitucional el control concentrado en cuanto a las leyes y demás actos de los órganos que ejercen el Poder Público dictados en ejecución directa de la Constitución o que tengan rango de ley.

El art. 253 de la CRBV establece la conformación de un sistema de justicia constituido por el Tribunal Supremo de Justicia, los demás tribunales que determine la Ley, el Ministerio Público, la Defensoría Pública, los órganos de investigación penal, los auxiliares y funcionarios de justicia, el sistema penitenciario, los medios alternativos de justicia, los ciudadanos que participan en la administración de justicia conforme a la Ley y los abogados autorizados para el ejercicio.

La doctrina, en este caso SMEND citado por Eduardo García De Enterría[3], establece que el Tribunal Constitucional cumple una triple tarea. Por una parte, crea orden en el amplio espacio de las cuestiones jurídicas constitucionales, en las que sólo puede crear un orden auténtico de justicia independiente del más alto rango. En segundo lugar, fortalece las bases de la existencia política con base a la condición de Estado de Derecho. Finalmente, debe luchar por el imperio de los derechos y los bienes, tomando como motivación de sus decisiones los más altos valores consagrados en la Carta Fundamental. Asimismo, el Profesor García De Enterría[4] señala que la justicia constitucional es el instrumento a través del cual el *fundamental law* o pacto constitucional, retiene y actualiza toda su virtualidad y eficacia.

Por su parte, la propia Sala Constitucional —Sentencia No. 1.347 del 9/11/2000— ha establecido que la función político-jurídico que le toca asumir en cuanto a su función de máximo custodio de la Constitución, consiste, primeramente, de cara al universo de operadores jurídicos, en mantener abierta la posibilidad de que, en el ejercicio de las competencias que tienen atribuidas,

---

[3] García de Enterría, Eduardo. La Constitución como norma y el Tribunal Constitucional
[4] García de Enterría, Eduardo Obra citada

cumplan con sus objetivos, participen plenamente en la toma de las decisiones en que les quepa actuar, y una vez actuadas estas potencialidades, derechos, deberes o potestades, según sea el caso, controlar en grado a la competencia que la propia Constitución le faculta, la correspondencia de dichas actuaciones con respecto a la norma fundamental

Del Tribunal Supremo de Justicia y de la Sala Constitucional

1) Composición:

El art. 262 de la CRBV dispone que el Tribunal Supremo de Justicia funcionará en Sala Plena y en Salas Constitucional, Político Administrativa, Electoral, de Casación Civil, de Casación Penal y de Casación Social.

El art. 8 de la LOTSJ dispone que la Sala Constitucional estará integrada por siete (7) Magistrados, un (1) Secretario y un (1) Alguacil. El art. 17 de esa misma ley, por su parte, dispone que el Presidente de la Sala con el Secretario y el Alguacil constituyen el Juzgado de Sustanciación, salvo que la Sala Plena decida constituirlo con personas distintas. El Presidente de la Sala será designado por la Sala Plena del Máximo Tribunal, y ésta a su vez designará al Secretario y al Alguacil.

Los Juzgados de Sustanciación tendrán las atribuciones y funciones propias que se derivan de la LOTSJ.

2) Competencias:

Los arts. 336 de la CRBV y 25 de la LOTSJ establecen la competencia de la Sala Constitucional para conocer de los distintos asuntos relacionados con la Carta Fundamental, cuyos contenidos pueden integrarse de la siguiente forma:

- Declarar por colidir con la Constitución de la República, la nulidad total o parcial de las leyes nacionales y demás actos con rango de ley de la Asamblea Nacional, de la constituciones y leyes estadales, de las ordenanzas municipales y demás actos de los cuerpos deliberantes de los Estados y Municipios, de los actos con rango de ley dictados por el Ejecutivo Nacional, de los actos en ejecución directa de la Carta Fundamental.

- Verificar a solicitud del Presidente de la República la conformidad con la Constitución de la República de los Tratados Internacionales suscritos por la Nación y antes de su ratificación.

- Revisión de la constitucionalidad de los Decretos de Estado de Excepción dictados por el Presidente de la República.

- Conocer de los casos de control de la constitucionalidad por omisión legislativa.

- Resolver las colisiones entre disposiciones legales.

- Dirimir controversias constitucionales entre órganos del Poder Público.

- Revisar las sentencias definitivamente firmes dictadas por los Tribunales de la República y demás Salas del Tribunal Supremo de Justicia por desconocimiento de los precedentes dictados por la Sala Constitucional; por indebida aplicación de normas o principios constitucionales; por error grave en su interpretación; o por falta de aplicación de principios o normas constitucionales.

- Revisar las sentencias dictadas por las otras Salas del Tribunal Supremo de Justicia por violación de principios jurídicos fundamentales contenidos en la Constitución de la República; en Tratados, Pactos o Convenios Internacionales; o cuando incurran en violaciones de derechos constitucionales.

- Revisar las sentencias de control difuso de la constitucionalidad dictadas por las demás Salas del Tribunal Supremo de Justicia y demás Tribunales de la República.

- Determinar, antes de su promulgación, la constitucionalidad del carácter orgánico de las leyes sancionadas por la Asamblea Nacional, o de los Decretos con Rango, Valor y Fuerza de Ley que sean dictados por el Presidente de la República en Consejo de Ministros.

- Conocer la solicitud del Presidente de la República acerca de la inconstitucionalidad de ley sancionada por la Asamblea Nacional, antes de su promulgación.

- Avocarse en las causas que se presuma violación del orden público constitucional.

- Conocer de las demandas de interpretación de normas y principios que integran el sistema constitucional.

- Conocer de las demandas de amparo constitucional interpuestas contra altos funcionarios públicos nacionales de rango constitucional; de las apelaciones contra las sentencias en materia de amparo dictadas por los Juzgados Superiores de la República, salvo las de los Juzgados Superiores en lo Contencioso Administrativo; de los amparos autónomos contra sentencias dictadas por los Juzgados Superiores de la República, salvo las de los Juzgados Superiores en lo Contencioso Administrativo; de las demandas de amparo contra los actos, actuaciones y omisiones de organismos electorales.

- Conocer de las demandas de protección de derechos e intereses colectivos y difusos.

- Conocer de las demandas de Hábeas Data.

3) Procedimiento:

El Capítulo II del Título XI de la LOTSJ consagra el régimen de los procesos que se ventilan ante la Sala Constitucional, estableciendo el art. 128 que el mismo se aplicará a las demandas de nulidad de leyes —nacionales y actos con rango de ley, constituciones y leyes estadales, ordenanzas municipales, actos en ejecución directa de la Constitución—, omisiones legislativas, colisión de leyes, controversias constitucionales interorgánicas, interpretación de normas y principios del sistema constitucional.

Las demandas se presentarán por escrito junto con la documentación correspondiente y ante la Sala Constitucional del Tribunal Supremo de Justicia o ante cualquier juez con competencia territorial de la residencia o domicilio del demandante, cuando estos no correspondan al Área Metropolitana de Caracas. En este último caso, el Tribunal recibirá la demanda y la remitirá a la Sala Constitucional en un término de tres (3) días hábiles.

Presentada o recibida la demanda en la Sala Constitucional, se procederá a la designación del Ponente y se decidirá sobre su admisión dentro de los cinco (5) días hábiles de despacho siguientes. Las causales de inadmisión están previstas en el art. 133 y son las siguientes:

a. Cuando se acumulen demandas o recursos que se excluyan mutuamente o cuyos procedimientos sean incompatibles. Como un ejemplo, se puede citar cuando a una demanda de nulidad de ordenanza municipal se acumule una pretensión de protección de intereses colectivos.

b. Cuando no se acompañen los documentos indispensables para verificar si la demanda es admisible. Por documentos indispensables deben entenderse aquellos de los cuales deriva inmediatamente el derecho reclamado y en los cuales se sustenta la pretensión ejercida.

c. Cuando sea manifiesta la falta de legitimidad o representación que se atribuya el demandante o de quien actué en su nombre respectivamente. La Sala Constitucional —Sentencia No. 1.174 del 12/8/09— en relación con la legitimación, la clasifica en *legitimatio ad causam* que es la relativa a la idoneidad para actuar en juicio en defensa de una situación jurídica o, la potencial identidad lógica entre el que reclama y aquél a quien la ley le reconoce un derecho, y la legitimación *ad procesum* que es la capacidad de postulación que tienen los abogados para comparecer en juicio y realizar actos procesales en nombre de su representando o asistido, debiendo señalar que incluso la Sala en diversas decisiones ha establecido que se presente poder en original y conferido en forma especial para actuar ante ese órgano.

d. Cuando haya cosa juzgada o litispendencia. En relación con la cosa juzgada la Sala Constitucional ha venido reiterando que la misma se traduce en tres aspectos:

- Inimpugnabilidad: según la cual la sentencia con autoridad de cosa juzgada no puede ser revisada por ningún juez;

- Inmutabilidad: según la cual la sentencia no es atacable indirectamente por no ser posible abrir un nuevo proceso sobre el mismo tema; y

- Coercibilidad: que consiste en la eventualidad de ejecución forzada en los casos de sentencia de condena. En cuanto a la litispendencia, la Sala ha expresado que la misma está referida a aquellas causas que tienen en común los tres elementos identificadores, a saber: sujetos, objeto y título o causa petendi.

e. Cuando contenga conceptos ofensivos o irrespetuosos. La Sala Constitucional refiere que se trata de aquellas expresiones que atentan contra la majestad de la justicia al utilizar términos o palabras contrarias a la decencia común.

f. Cuando haya falta de legitimación pasiva. De acuerdo con la doctrina, la regla general en esta materia es que la persona contra quien se afirma la existencia de un interés jurídico, tiene legitimación para sostener el juicio; en este caso, constituye causal de inadmisibilidad que la Sala observe la inexistencia de ese interés en el sujeto contra el cual se propone la demanda.

La Sala Constitucional en las demandas cuyo contenido sea de tal modo ininteligibles que resulte imposible su tramitación, en vez de ordenar admitirlas, impondrá su corrección mediante un Despacho Saneador concediendo al accionante un lapso de tres (3) días de despacho. La falta de corrección o su deficiente realización, determinará la inadmisión de la demanda.

Admitida la demanda, se ordenará la citación de la parte demandada, la notificación del Fiscal General de la República a efectos de que presente un informe sobre la controversia, la notificación del Procurador General de la República y del Defensor del Pueblo, en los casos que sea necesario, y la notificación de cualquier otra autoridad que la Sala estime pertinente. De igual forma, se ordenará el emplazamiento, por medio de cartel de cualquier interesado. Corresponderá al Juzgado de Sustanciación la realización de los trámites relativos a las citaciones, notificaciones y emplazamientos que se ordenen.

El cartel de emplazamiento será publicado en un diario de circulación nacional o regional, según sea el caso, lo cual será por cuenta del demandante, quien tendrá un plazo de diez (10) días de despacho a partir de su libramiento a efectos de su retiro, publicación y consignación del ejemplar en el expediente, so pena de declararse la perención de la instancia; salvo que por razones de orden público la causa continúe mediante la publicación u orden que a tal efecto emita el Juzgado de Sustanciación.

Cumplidas las formalidades de publicación y consignación del cartel, se dejará transcurrir un lapso de diez (10) días de despacho para que se tengan por notificados los interesados, quienes acudirán en el lapso previsto; entendiéndose como tales, aquellos sujetos que pretendan colaborar con el demandante ó que resulten opositores a la pretensión ejercida. Los interesados deberán consignar sus argumentos o alegatos, debiendo el Juzgado de Sustanciación pronunciarse en el lapso de tres (3) días siguientes al vencimiento del término previsto en el art. 138, sobre su participación en el proceso.

Luego de practicadas las citaciones, notificaciones y emplazamiento de interesados, y resuelta la participación de éstos si tal fuera el caso, quedará abierto un lapso de diez (10) días de despacho para consignación del escrito de defensa y promoción de pruebas, debiéndose en todo caso consignar los medios instrumentales. Vencido el lapso de promoción, se abrirá un lapso de tres (3) días de despacho para hacer oposición a las pruebas por motivos de ilegalidad o impertinencia. El Juzgado de Sustanciación deberá providenciar sobre la admisión de las pruebas en un lapso de cinco (5) días de despacho y procederá a fijar la oportunidad para la celebración de la Audiencia Pública; en caso, de falta de promoción de pruebas distintas a las documentales, la causa entrará en estado de sentencia y se remitirá a la Sala para que decida en un plazo de veinte (20) días, a menos que la propia Sala, si lo estimare pertinente, resuelva fijar oportunidad para la celebración de la audiencia.

En la oportunidad que tenga lugar la Audiencia Pública, la Sala fijará los términos en que quedó planteada la controversia y ordenará se proceda a la evacuación de las pruebas admitidas, bien en esa misma oportunidad o en otra que a tales efectos fije; estableciendo los términos para el control y contradicción de los medios a evacuarse.

La inasistencia del demandante a la Audiencia Pública se entenderá como un desistimiento y se dará por terminado el proceso, a menos que la Sala considere que el asunto afecta el orden público y ordene la prosecución del procedimiento.

La Audiencia Pública se realizará mediante la exposición oral de los alegatos realizados por las partes, para lo cual el Presidente de la Sala señalará el tiempo de que disponen y fijará las pautas para el ejercicio de los derechos de réplica y contrarréplica. La Sala, oída las partes, podrá ordenar la evacuación de pruebas para el esclarecimiento de hechos dudosos u oscuros. Concluido el debate, los Magistrados procederán a deliberar y dictarán la decisión en base a los siguientes opciones:

a. Decidir inmediatamente exponiendo en forma oral los términos del dispositivo del fallo; la decisión escrita deberá ser publicada dentro de los diez (10) días de despacho siguientes.

b. Dictar la decisión, en forma escrita, en la oportunidad establecida para la publicación de la sentencia.

c. Diferir por una sola vez y hasta por un lapso de cinco (5) días de despacho el pronunciamiento del dispositivo del fallo, cuando la complejidad del asunto así lo requiera, posteriormente y en el término de diez (10) días deberá publicarse el fallo.

Medidas Cautelares

Según lo ha venido señalando la Sala Constitucional —Sentencia No. 252 del 10/3/11— la tutela cautelar constituye un elemento esencial del derecho a la tutela judicial efectiva; de allí su carácter instrumental, esto es, que no constituye un fin en sí misma, sino que se encuentra preordenada a una decisión ulterior de carácter definitivo, fungiendo de tutela mediata y por tanto de salvaguarda al eficaz funcionamiento de la función jurisdiccional.

Dispone el art. 130 de la LOTSJ, que en cualquier estado y grado del proceso las partes podrán solicitar, y la Sala Constitucional podrá acordar, aún de oficio, las medidas cautelares que estime pertinente. La Sala contará con los más amplios poderes como garantía de la tutela judicial efectiva y tendrá en cuenta las circunstancias del caso y los intereses públicos en conflicto. La jurisprudencia ha establecido que el fundamento de las medidas cautelares no depende de un conocimiento exhaustivo y profundo de la materia controvertida en el proceso principal, sino de un conocimiento periférico o superficial encaminado a obtener un pronunciamiento de mera probabilidad acerca de la existencia del derecho discutido, en el cual deberán ponderarse las circunstancias concomitantes del caso así como los interés públicos en conflicto.

Contra el decreto de la medida cautelar, la ley concede oposición y la cual deberá presentarse en el lapso de tres (3) días de despacho contados a partir del momento en que el opositor se encuentre a derecho. Si hubiere oposición, se ordenará la apertura de un cuaderno separado y quedará abierta una articulación de tres (3) días de despacho para que los intervinientes promuevan y evacuen pruebas; correspondiendo a la Sala dictar la sentencia de la incidencia dentro de los cinco (5) días de despacho siguientes.

Ponencias:

La LOTSJ en sus arts. 99 al 105, establece el procedimiento que se aplicará a las ponencias que deban dictarse en los distintos asuntos sometidos al conocimiento de las diferentes Salas del Máximo Tribunal.

El Presidente de la Sala respectiva designará un Magistrado ponente, teniendo en cuenta el orden cronológico, quien quedará a cargo de redactar el respectivo proyecto. Sometido el proyecto de ponencia a consideración de la Sala, el mismo será aprobado con el voto de la mayoría absoluta; en caso de empate, se suspenderá la deliberación y se votará nuevamente en la reunión que se convoque a tal efecto, si el empate persiste el voto del Presidente de la Sala será considerado doble. En caso que el proyecto no cuente con la aprobación de la mayoría de los Magistrados, se reasignará la ponencia.

Cuando la ponencia no admita las observaciones previamente expresadas por cualquier Magistrado de la Sala, éste podrá consignar su opinión concurrente y la cual se sustentará en argumentos adicionales o distintos, pero convergentes con la misma conclusión sostenida por el Ponente; de lo cual se dejará constancia al final de la decisión. El Magistrado que disienta del fallo, deberá anunciarlo y consignará su voto salvado en escrito debidamente razonado, el cual será suscrito por todos los Magistrados y será agregado a la decisión.

La decisión de la causa puede ser objeto de una Ponencia Conjunta y cuya realización corresponde a todos los Magistrados de la Sala respectiva.

Características de la sentencias:

Disponen los arts. 335 de la CRBV y 4 de la LOTSJ que las interpretaciones de los fallos de la Sala Constitucional sobre el contenido o alcance de las normas y principios constitucionales son vinculantes para las otras Salas del Máximo Tribunal y demás Tribunales de la República. La Exposición de Motivos de la Carta Fundamental establece que el carácter vinculante de las interpretaciones de normas y principios constitucionales será el principal instrumento de la Sala Constitucional para fortalecer la justicia constitucional, darle eficacia a la Constitución y brindar mayor seguridad jurídica a los ciudadanos.

La Sala Constitucional —Sentencia No. 727 del 8/4/2003— ha señalado que sus criterios vinculantes se refieren a la interpretación sobre el contenido y alcance de las normas constitucionales y no sobre las calificaciones jurídicas de hechos ajenos a las normas constitucionales. Para la Sala, son de igual modo vinculantes las interpretaciones que hace de normas infralegales, pero desde la Constitución, tomando en cuenta los parámetros de las normas, principios o valores superiores que se incorporan a la Carta Fundamental y que desde allí irradian a todo el ordenamiento jurídico.

Se debe tener en cuenta el valor de la jurisprudencia que emana de la Sala Constitucional, distinto al carácter vinculante de sus decisiones, y en el sentido que sus fallos crean lo que se denomina como *"precedente"*, el cual debe ser utilizado en los casos de pluralidad de tribunales para garantizar la igualdad y unidad del Derecho. Es doctrina pacífica de la mencionada Sala —Sentencia No. 1898 del 1/12/2008— que en virtud de los principios de seguridad jurídica y confianza legítima, los nuevos criterios o doctrinas, producto de la evolución jurisprudencial debe ser aplicados siempre hacia el futuro, vale decir a los asuntos que surgen con posterioridad a la sentencia que establece el nuevo criterio; ello se explica por cuanto la alteración del Estado de Derecho que conllevaría la aplicación de un nuevo criterio a situaciones jurídicas pasadas, constituiría una lesión irreversible al derecho a la defensa de las partes.

Procedimiento ante la Sala Constitucional del Tribunal Supremo de Justicia

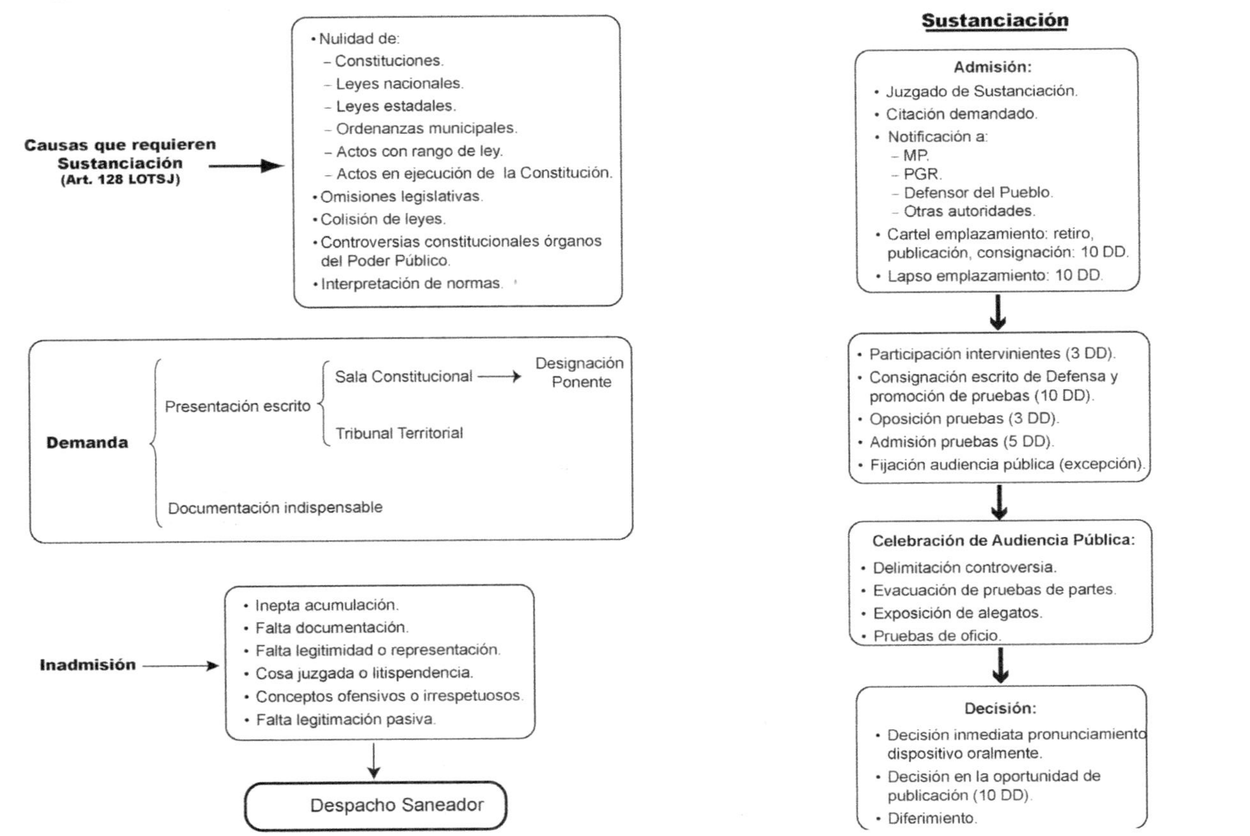

Medidas Cautelares

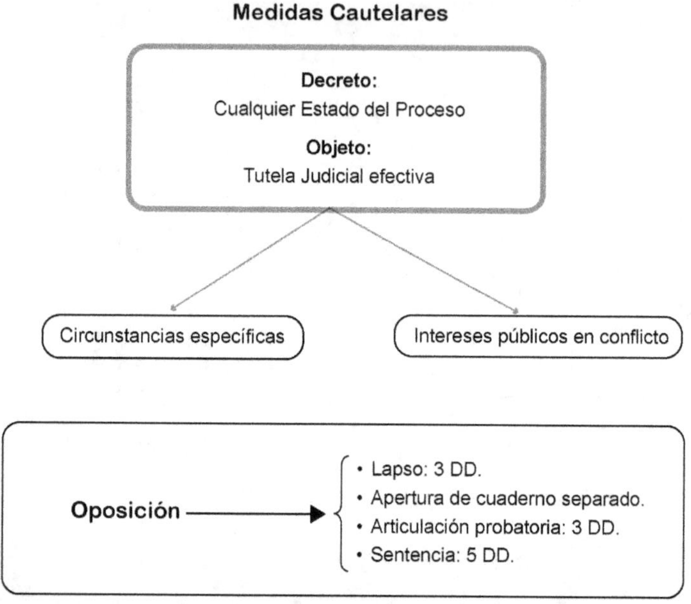

Causas que no requieren sustanciación
Art. 145 LOTSJ

- Verificación constitucionalidad de Tratados Internacionales.
- Revisión de constitucionalidad Decretos de Estados de Excepción.
- Revisión de sentencias **firmes** por desconocimiento de normas, principios y/o precedentes constitucionales.
- Revisión sentencias de las Salas del Tribunal Supremo de Justicia.
- Revisión sentencias **firmes** sobre control difuso.
- Resolución **conflictos** entre Salas o funcionarios.
- Determinación del carácter orgánico de leyes.
- Solicitud presidencial sobre inconstitucionalidad de ley sancionada por la Asamblea Nacional.

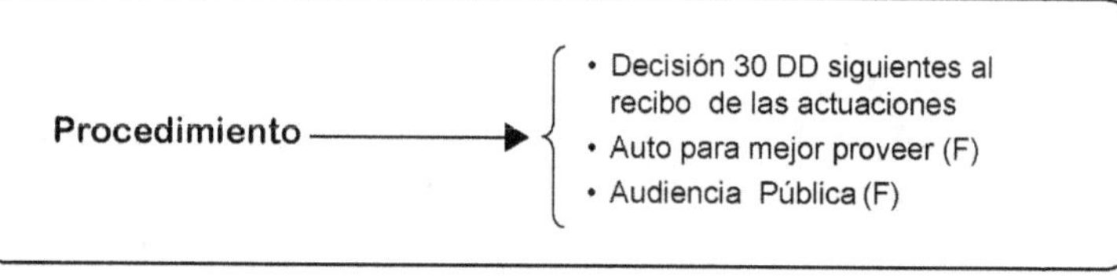

Capítulo III

De la Acción Popular de Inconstitucionalidad

Temas del Capítulo:

Capitulo III

De la Acción Popular de Inconstitucionalidad

Base Constitucional y Legal

Dispone el art. 334 de la Carta Fundamental lo siguiente:

Art. 334. CRBV: Todos los jueces o juezas de la República, en el ámbito de sus competencias y conforme a lo previsto en esta Constitución y en la ley, están en la obligación de asegurar la integridad de la Constitución. En caso de incompatibilidad entre esta Constitución y una ley u otra norma jurídica, se aplicarán las disposiciones constitucionales, correspondiendo a los tribunales en cualquier causa, aun de oficio, decidir lo conducente. Corresponde exclusivamente a la Sala Constitucional del Tribunal Supremo de Justicia como jurisdicción constitucional, declarar la nulidad de las leyes y demás actos de los órganos que ejercen el Poder Público dictados en ejecución directa e inmediata de la Constitución o que tengan rango de ley.

La norma anteriormente transcrita consagra la obligatoriedad de los jueces de asegurar la integridad de la Constitución y contempla tanto el control difuso como el control concentrado de la constitucionalidad de las leyes.

La LOTSJ en su art. 25 numerales 1 al 4, establece la competencia de la Sala Constitucional del Tribunal Supremo de Justicia para declarar la nulidad total o parcial de leyes, actos con rango de ley y de actos en ejecución directa e inmediata de la Constitución de la República cuando colidan con ésta. El art. 32 de la misma ley dispone lo siguiente:

Art. 32 CRBV: De conformidad con la Constitución de la República, el control concentrado de la constitucionalidad, sólo corresponderá a la Sala Constitucional en los términos previstos en esta Ley, mediante demanda popular de inconstitucionalidad, en cuyo caso, no privará el principio dispositivo, pudiendo la Sala suplir, de oficio, las deficiencias o técnicas del demandante por tratarse de

*un asunto de orden público. Los efectos de dicha sentencia
serán de aplicación general, y se publicará en la Gaceta
Oficial de la República Bolivariana de Venezuela, y en la
Gaceta Oficial del Estado o Municipio según corresponda ".*

Naturaleza Jurídica

Se trata de una acción de nulidad, la cual atendiendo al efecto que produce, es aquella que tiene por objeto lograr la ineficacia de las leyes y demás actos de los órganos que ejercen el Poder Público dictados en ejecución directa e inmediata de la Constitución o que tengan rango de ley, cuando coliden con aquella.

La acepción del término *"colide"* es de que choca o se contrapone con una norma de rango superior. Por su parte el término colidir significa que causa daño.

La Sala Constitucional del Tribunal Supremo de Justicia —Sentencia No. 2.735 del 7/3/03— ha establecido que el juicio de inconstitucionalidad presenta un carácter eminentemente objetivo, ya que se toma un acto que tiene el rango o valor de ley y se le contrasta directamente con las normas, los altos principios de definición, organización y funcionamiento del Estado y, con los valores históricos, políticos, económicos, sociales y democráticos que están reconocidos en la Constitución.

El objeto principal de este recurso es garantizar la integridad del orden constitucional y no la tutela de los derechos e intereses legítimos, personales y directos de los recurrentes.

Legitimación

La acción popular de inconstitucionalidad puede ser ejercida por cualquier ciudadano; por lo que toda persona tiene, en principio, la cualidad o interés procesal para la impugnación de leyes o actos con rango de ley. Nuestra legislación no exige un interés procesal calificado, ni por la posible existencia de una especial situación de hecho que vincule alguna posición jurídico-subjetiva con cierta norma legal individualizada, ni por el ejercicio de un cargo público, sea de representación popular o sea dentro del Poder Ciudadano.

Según ha señalado la Sala Constitucional —Sentencia No. 796 del 22/7/10— la legitimidad para interponer la demanda de nulidad debe responder a la defensa de los intereses de los particulares y no a los intereses extranjeros o de otro Estado que puedan afectar los asuntos de la política interna de la República.

En cuanto a la legitimación pasiva, la Sala Constitucional —Sentencia No. 2.651 del 2/10/03— consideró al tratar sobre un recurso de interpretación, que en teoría el órgano jurisdiccional no necesita oír a alguna persona para dar su opinión vinculante, pero la prudencia y la responsabilidad le exigen no limitarse a estudiar el caso con prescindencia de los pareceres ajenos, por lo que ha de procurarse llamar a quienes pudieren tener algo que decir y que, al hacerlo, podrían ilustrar a la Magistrados en la toma de su propia postura. De allí, que para la protección de esos intereses, la Sala emplazará, no porque haya materia sobre la cual defenderse, pero sí sobre que opinar.

Competencia

Dispone el art. 336 de la CRBV en sus cardinales 1,2,3 y 4 la competencia de la Sala Constitucional del Tribunal Supremo de Justicia para conocer de las acciones de anulación de leyes nacionales, Constituciones y leyes estadales, ordenanzas municipales, actos con rango de ley dictados por el Ejecutivo Nacional y de actos en ejecución directa e inmediata de la Constitución dictados por cualquier órgano estatal en ejercicio del Poder Público.

El art. 32 de la LOTSJ dispone que el control concentrado de la constitucionalidad sólo corresponde a la Sala Constitucional, mediante demanda popular de inconstitucionalidad.

La Sala Constitucional —Sentencia No. 2.588 del 11/12/01— ha declarado su facultad, en virtud de ser el juez de la ley y titular del control concentrado de la Constitución, de tramitar en cualquiera de los procedimientos a que den lugar las acciones ventilables ante ella, o de las cuales conozca, el denominado *incidente de constitucionalidad,* el cual existe cuando la cuestión planteada (no necesariamente alegada) sobre la constitucionalidad de una norma legal es prejudicial respecto de la resolución de un proceso constitucional o de una causa que cursa ante la Sala. Este tipo de incidentes se pueden solucionar de tres modos:

a. A través de un juicio de constitucionalidad sin un pronunciamiento expreso de nulidad de ley inconstitucional;

b. Por control autónomo de constitucionalidad a través de un proceso separado del que dio origen al incidente;

c. Por control de constitucionalidad a través de un proceso de constitucionalidad pero dentro del proceso que ha dado lugar al incidente.

La Sala Constitucional —Sentencia No. 1.412 del 10/07/07— igualmente ha determinado que conforme al fuero atrayente que presenta el control concentrado de la constitucionalidad, tiene la competencia general para pronunciarse acerca de las pretensiones conexas a la pretensión principal de nulidad de actos infraconstitucionales, como es el caso cuando se acumula, por ejemplo, a una acción de control concentrado una pretensión sobre un acto de rango sublegal y cuyo conocimiento en principio escaparía del conocimiento de la Sala.

Procedimiento

El demandante presentará su escrito el cual deberá contener la indicación de los vicios de inconstitucionalidad que imputa a la norma impugnada, debiendo destacar que en este tipo de procedimiento tal y como lo dispone el art. 32 de la LOTSJ no privará el principio dispositivo y por tanto la Sala podrá suplir las deficiencias o técnicas del demandante ya que se trata de un asunto de orden público. A la demanda se acompañarán los documentos indispensables para verificar su admisibilidad, adjuntándose un ejemplar del texto legal o acto que se pretende impugnar.

En el escrito de demanda, o en cualquier otro estado y grado de la causa, se podrán solicitar las medidas cautelares pertinentes, tales como la suspensión de los efectos de la norma impugnada, tal y como lo dispone el art. 130 de la LOTSJ.

El procedimiento de nulidad podrá iniciarse de oficio por orden de la Sala Constitucional cuando se declare la desaplicación de una norma como consecuencia de un control difuso, o por la vía del llamado *incidente constitucional.*

Presentada la demanda se designará el Ponente y se procederá al pronunciamiento sobre la admisión; a tales efectos, la Sala emitirá una decisión y en la cual deberá considerar el objeto de la pretensión, su competencia para conocer del asunto y si la demanda no se encuentra incursa, *prima facie,* en alguna de las causales previstas en el art. 133 de la LOTSJ. Admitida la demanda, se ordenará la citación de la parte demandada y la notificación de la Fiscalía General de la República, Defensoría del Pueblo y Procuraduría General de la República remitiéndosele copia certificada del escrito de demanda y del auto de admisión; de igual forma, se remitirá el expediente al Juzgado de Sustanciación para que realice la citación y notificaciones ordenadas y libre el cartel de emplazamiento de los interesados.

La Sala podrá declarar la inadmisibilidad de la acción propuesta por alguna de las causas previstas en el referido art. 130 de la LOTSJ; asimismo, podrá declarar la improponibilidad de la acción interpuesta cuando, por ejemplo, se pretenda el control de la constitucionalidad de un proyecto de acto normativo que como tal no ha adquirido eficacia de ley.

En la misma decisión donde sea admitido el recurso se emitirá el pronunciamiento relativo a la medida cautelar solicitada, para lo cual no sólo deberán tomarse en cuenta los alegatos y argumentación relativa a los hechos y al derecho que se invocan para lograr la convicción de la Sala respecto a su procedencia, sino que también se tomará en cuenta todo instrumento que pueda ser aportado.

Luego de practicadas las citaciones, notificaciones y emplazamiento de interesados, y resuelta la participación de éstos si tal fuera el caso, quedará abierto un lapso de diez (10) días de despacho para consignación de escrito de defensa y promoción de pruebas, debiéndose en todo caso consignar los medios instrumentales. Vencido el lapso de promoción se abrirá un lapso de tres (3) días de despacho para hacer oposición a las pruebas por motivos de ilegalidad o impertinencia. El Juzgado de Sustanciación deberá providenciar sobre la admisión de las pruebas en un lapso de cinco (5) días de despacho y procederá a fijar la oportunidad para la celebración de la Audiencia Pública; en caso, de falta de promoción de pruebas distintas a las documentales, la causa entrará en estado de sentencia y se remitirá a la Sala para que decida en un plazo de veinte (20) días, a menos que la propia Sala, si lo estimare pertinente, resuelva fijar la celebración de la audiencia.

En la oportunidad que tenga lugar la Audiencia Pública, la Sala fijará los términos en que quedó planteada la controversia y ordenará se proceda a la evacuación de las pruebas admitidas, bien en esa misma oportunidad o en otra que a tales efectos fije; estableciendo los términos para el control y contradicción de los medios a evacuarse.

La Audiencia Pública se realizará mediante la exposición oral de los alegatos realizados por las partes, para lo cual el Presidente de la Sala señalará el tiempo de que disponen y fijará las pautas para el ejercicio de los derechos de réplica y contrarréplica. La Sala, oídas las partes, podrá ordenar la evacuación de pruebas para el esclarecimiento de hechos dudosos u oscuros. Concluido el debate, los Magistrados procederán a deliberar y dictarán la decisión correspondiente.

Sentencia

La decisión que se dicta en este tipo de proceso tiene carácter declarativo ya que determina una situación jurídica, en este caso la supremacía constitucional.

La decisión puede declarar la nulidad parcial de una norma y como efecto de ello, la Sala Constitucional procede a modificarla en los términos que considere adecuados; tal y como lo hizo en la demanda de nulidad del artículo 3º de la Ley Orgánica de la Defensa Pública —Sentencia No. 163 del 28/2/08—. En ese mismo caso, la Sala determinó que en virtud del principio *iura novit curia*, la declaratoria de nulidad puede extenderse a otros artículos, no demandados, lo cual resulta cónsono con lo que hoy día dispone el art. 32 de la LOTSJ.

La sentencia que declare la nulidad de una norma se publicará íntegramente en la Gaceta Oficial de la República, debiendo tenerse en cuenta que el art. 126 de la Ley mencionada ordena la creación de la Gaceta Judicial de la República Bolivariana de Venezuela como órgano de publicación para tales sentencias.

Los efectos de las decisiones en materia de nulidad de normas, tienen carácter *ex nunc*, es decir, comienzan desde su publicación en la respectiva gaceta.

Control Difuso

Este tipo de control está contemplado en el art. 334 de la CRBV así como en el art. 20 del CPC, y el mismo se basa en el carácter supremo de la Constitución respecto de todas las otras normas de rango distinto que conforman el ordenamiento jurídico venezolano.

El control difuso opera cuando el juez frente a un caso concreto sometido a su conocimiento, advierte que la norma de rango legal o sublegal, relacionada con la resolución del asunto contraría directamente una norma constitucional; en cuyo caso, debe proceder a la desaplicación de la primera.

La Sala Constitucional —Sentencia No. 1.064 del 13/8/02— calificó el control difuso como un deber-potestad de velar por la interpretación y estricto cumplimiento de la Carta Fundamental. Se debe resaltar que la potestad en cuanto a la aplicación del control difuso es exclusiva del Poder Judicial.

El art. 33 de la LOTSJ dispone que cuando cualquiera de las Salas del Máximo Tribunal y los demás Tribunales de la República ejerzan el control difuso de la constitucionalidad, deberán informar a la Sala Constitucional sobre los fundamentos y alcances de la desaplicación que hayan adoptado, para que ésta proceda a efectuar un examen abstracto sobre la constitucionalidad de la norma en cuestión y hacer más eficaz el resguardo de la incolumidad constitucional. Si la Sala Constitucional declara la conformidad a derecho de la desaplicación del control difuso, o si el mismo fue ejercido directamente por la propia Sala, podrá ordenar el inicio del procedimiento de nulidad previsto en el art. 32 de la citada ley.

Control Innominado

La Sala Constitucional —Sentencia No. 1.547 del 17-11-2011— consideró el ejercicio de un "control innominado constitucional", por existir una aparente antinomia entre la CRBV, la Convención Americana contra la Corrupción y la Convención de las Naciones Unidas contra la Corrupción, y en relación con la ejecución del fallo dictado por la Corte Interamericana de Derechos Humanos (CIDH), que condenó a la República Bolivariana de Venezuela a la habilitación para ejercer cargos públicos del ciudadano Leopoldo López Mendoza.

La modalidad de este control concentrado de la constitucionalidad, es determinar el alcance e inteligencia de una decisión dictada por un organismo internacional con base a un tratado de jerarquía constitucional, ante una presunta antinomia o contradicción con la Carta Magna.

De acuerdo al contenido de la mencionada sentencia, la Sala Constitucional estableció ante la omisión de la Asamblea Nacional de dictar las normas necesarias para dar cumplimiento a las decisiones de los organismos internacionales y/o para resolver las controversias que podrían presentarse en su ejecución, que procede aplicar el referido control constitucional, lo cual implica un control de convencionalidad —o de confrontación entre las normas internas y tratados integrantes del sistema constitucional venezolano—. Este control procede bien a solicitud de parte e incluso de oficio por la propia Sala.

La Sala Constitucional, con fundamento en el art. 98 LOTSJ, y en concordancia con el párrafo primero del art. 145 *ejusdem*, puede determinar que al tratarse de una cuestión de mero derecho, la causa no requiere sustanciación y entrar a decidir sin trámite procesal alguno.

Capítulo IV

De la Acción por Omisión de Legislar

Capítulo IV

De la Acción por Omisión de Legislar

Base Constitucional y Legal

Dispone el art. 336.7 de la CRBV lo siguiente:

> *Art. 336. CRBV: "Son atribuciones de la Sala Constitucional del Tribunal Supremo de Justicia: ...*
>
> *7. Declarar la inconstitucionalidad del poder legislativo municipal, estadal o nacional, cuando haya dejado de dictar las normas o medidas indispensables para garantizar el cumplimiento de la Constitución, o las haya dictado en forma incompleta, y establecer el plazo y, de ser necesario los lineamientos de su corrección.*

La LOTSJ en su art. 25.7 consagra la competencia de la Sala Constitucional para conocer de este tipo de acción y en tal sentido dispone lo siguiente:

> *Art. 25 LOTSJ: (...)*
>
> *7. Declarar la inconstitucionalidad de las omisiones del Poder Legislativo Municipal, Estadal o Nacional, cuando haya dejado de dictar las normas o medidas indispensables para garantizar el cumplimiento con la Constitución de la República, o las haya dictado en forma incompleta, así como las omisiones de cualquiera de los órganos del Poder Público Nacional, Estadal o Municipal, y establecer el plazo y, si fuera necesario, los lineamientos o las medidas para su corrección.*

Naturaleza Jurídica

Es una institución jurídico procesal mediante la cual se demanda la declaratoria de inconstitucionalidad de la omisión de legislar del órgano legislativo que no ha cumplido un deber concreto que le asigna la Constitución directa, implícita o explícitamente, de tal manera que el precepto constitucional resulta, total o parcialmente, ineficaz.

Se trata de una acción de control de la constitucionalidad y en tal sentido la Sala Constitucional —Sentencia No. 1.556 del 9/7/02— precisó que el objeto de esta acción no recae en la inconstitucionalidad de un acto sino de la conducta negativa, de la inercia o inactividad en que haya incurrido algún órgano del poder legislativo al no adecuar su conducta, en absoluto o parcialmente, al cumplimiento de su obligación de dictar una norma o medida indispensable (lo que implica la eficacia limitada del precepto constitucional) para garantizar el cumplimiento de la Constitución.

Legitimación

La acción de inconstitucionalidad de la omisión del órgano legislativo puede considerarse como una subespecie de la acción popular de inconstitucionalidad, por lo que podrá ser ejercida por cualquier persona natural o jurídica.

El legitimado pasivo será el órgano legislativo que se encuentra incurso en el supuesto de omisión que ha sido reclamado.

Competencia

La LOTSJ en su art. 25.7 consagra la competencia de la Sala Constitucional para conocer de la acción por omisión legislativa la cual comprende la inactividad de los órganos legislativos así como las omisiones de cualquiera de los órganos del Poder Público; en tal sentido los autores Allan Brewer-Carías y Víctor Hernández Mendible[1], han señalado que esta competencia podría significar la concentración en la Sala Constitucional de todas las acciones de amparo contra las conductas omisivas de los entes y funcionarios públicos en el cumplimiento de las obligaciones que resultan de todos los derechos constitucionales, ya que las normas que los sustentan son de aplicación directa e inmediata, concluyendo que esa atribución desnaturalizaría el sentido del control de la constitucionalidad de las omisiones del legislador que es lo que está previsto en la Constitución.

La Sala Constitucional —Sentencia No. 191 del 4/3/11— ha señalado que el artículo 25.7 de la LOTSJ complementa la norma constitucional incluyendo dentro del ámbito del control de la constitucionalidad por omisión a "...*las omisiones de cualquiera de los órganos del Poder Público Nacional, Estadal o Municipal...*", habiendo establecido igualmente —Sentencia No. 1.285 del 13/8/08—, que esta competencia abarca no sólo la inactividad legislativa en

---

[1] Brewer-Carías Allan y Hernández Mendible Víctor Ley Orgánica del Tribunal Supremo de Justicia

un sentido formal, sino además el cumplimiento de cualquier otra obligación en ejecución directa e inmediata del Texto Fundamental.

Procedimiento

El demandante presentará su escrito, el cual deberá señalar la conducta negativa, inercia o inactividad en que haya incurrido el órgano del Poder Legislativo o cualquiera de los otros previstos en la ley, al no adecuar su conducta, en absoluto o parcialmente, al cumplimiento de una obligación de dictar una norma o de ejecutar una medida indispensable para el cumplimiento de la Constitución. A la demanda se acompañarán los documentos indispensables para verificar su admisibilidad.

En el escrito de demanda o en cualquier otro estado y grado de la causa, se podrán solicitar las medidas cautelares pertinentes y que en todo caso estarán referidas a obtener la protección de la integridad de la Constitución; tal y como lo dispone el art. 130 de la LOTSJ.

La Sala Constitucional ha establecido que el procedimiento de omisión legislativa se puede iniciar de oficio cuando en el curso de otro procedimiento, ésta constate la existencia de una omisión del poder legislativo que es contraria a la Constitución. En ese caso, no tiene más posibilidad que declararla y ordenar lo que sea necesario para darle fin.

Presentada la demanda se designará el Ponente y se procederá al pronunciamiento sobre la admisión; a tales efectos, la Sala emitirá una decisión y en la cual deberá considerar el objeto de la pretensión, su competencia para conocer del asunto y si la demanda no se encuentra incursa, *prima facie,* en alguna de las causales previstas en el art. 133 de la LOTSJ.

En la misma decisión donde sea admitido el recurso, se emitirá el pronunciamiento relativo a la medida cautelar solicitada, para lo cual no sólo deberán tomarse en cuenta los alegatos y argumentación relativa a los hechos y al derecho que se invocan para lograr la convicción de la Sala respecto a su procedencia, sino que también se tomará en cuenta todo instrumento que pueda ser aportado.

Admitida la demanda, se ordenará la citación de la parte demandada y la notificación de la Fiscalía General de la República, Defensoría del Pueblo y Procuraduría General de la República remitiéndosele copia certificada del escrito de demanda y del auto de admisión; de igual forma, se remitirá el expediente al Juzgado de Sustanciación para que realice la citación y notificaciones ordenadas y libre el cartel de emplazamiento de los interesados.

Luego de practicadas las citaciones, notificaciones y emplazamiento de interesados, y resuelta la participación de éstos si tal fuera el caso, quedará abierto un lapso de diez (10) días de despacho para consignación de escrito de defensa y promoción de pruebas, debiéndose en todo caso consignar los medios instrumentales. Vencido el lapso de promoción se abrirá un lapso de tres (3) días de despacho para hacer oposición a las pruebas por motivos de ilegalidad o impertinencia. El Juzgado de Sustanciación deberá providenciar sobre la admisión de las pruebas en un lapso de cinco (5) días de despacho y procederá a fijar la oportunidad para la celebración de la Audiencia Pública; en caso, de falta de promoción de pruebas distintas a las documentales, la causa entrará en estado de sentencia y se remitirá a la Sala para que decida en un plazo de veinte (20) días, a menos que la propia Sala, si lo estimare pertinente, resuelva fijar la celebración de la audiencia.

En la oportunidad que tenga lugar la Audiencia Pública, la Sala fijará los términos en que quedó planteada la controversia y ordenará se proceda a la evacuación de las pruebas admitidas, bien en esa misma oportunidad o en otra que a tales efectos fije, estableciendo los términos para el control y contradicción de los medios a evacuarse.

La Audiencia Pública se realizará mediante la exposición oral de los alegatos realizados por las partes, para lo cual el Presidente de la Sala señalará el tiempo de que disponen y fijará las pautas para el ejercicio de los derechos de réplica y contrarréplica. La Sala, oída las partes, podrá ordenar la evacuación de pruebas para el esclarecimiento de hechos dudosos u oscuros. Concluido el debate, los Magistrados procederán a deliberar y dictarán la decisión correspondiente.

Sentencia

De declararse la procedencia de la acción ejercida, la decisión deberá establecer el plazo para corregir la inconstitucionalidad establecida por la Sala y la misma tendrá como fundamento la preservación o mantenimiento de la integridad, efectividad y supremacía constitucional consagrados en los arts. 334 y 335 de la Carta Fundamental; asimismo, la decisión podrá establecer los lineamientos que se consideren necesarios para tales efectos.

La decisión ordenará llenar los vacíos que puedan hacer inoperantes a las instituciones desde el punto de vista constitucional y en virtud de la omisión declarada; tal orden tendrá carácter estrictamente provisorio, hasta tanto el órgano a quien se le imputa la omisión cumpla con su obligación constitucional.

Capítulo V

De las Controversias Constitucionales

Temas del Capítulo:

Capítulo V

De las Controversias Constitucionales

Base Constitucional y Legal

Dispone el art. 336.9 de la CRBV lo siguiente:

> *Art. 336. CRBV: Son atribuciones de la Sala Constitucional del Tribunal Supremo de Justicia lo siguiente:*
>
> *(...)*
>
> *9. Dirimir las controversias constitucionales que se susciten entre cualesquiera de los órganos del Poder Público.*

La Ley Orgánica del Tribunal Supremo de Justicia en su artículo 25.9 consagra la competencia de la Sala Constitucional para conocer de este tipo de acción y en tal sentido dispone lo siguiente:

> *Art. 25. LOTSJ: Son competencias de la Sala Constitucional del Tribunal Supremo de Justicia.*
>
> *(...)*
>
> *9. Dirimir las controversias constitucionales que se susciten entre cualesquiera de los órganos del Poder Público".*

Naturaleza Jurídica

La Sala Constitucional —Sentencia No. 1.819 del 8/8/2000— considera que el correcto funcionamiento del Estado, sólo es posible cuando se parte de una atribución preestablecida de competencias, ejercidas conforme a un procedimiento determinado y con el pertinente sistema de relaciones a dichos órganos entre sí, todo lo cual es garantizado jurisdiccionalmente, por el Tribunal Supremo de Justicia, a fin de asegurar que la arquitectura organizacional constitucional y subconstitucional no sea alterada, de forma tal, de que ningún poder, pueda invadir el ámbito nuclear de los demás.

La misma Sala —Sentencia No. 03-207 del 18/6/03— considera que para resolver las controversias constitucionales destacan dos elementos esenciales, en primer lugar que se trate de controversias entre cualesquiera de los órganos que la Constitución prevé en la distribución horizontal o vertical, y en segundo lugar que debe tratarse de controversias constitucionales, es decir, de aquellas cuya decisión depende del examen, interpretación y aplicación de las normas constitucionales, tales como las que se refieren al reparto competencial entre los diferentes órganos del Estado, especialmente las que distribuyen el poder en los niveles nacional, estadal y municipal.

La Sala Constitucional —Sentencia No. 226 del 18/02/03— ha señalado que se trata de una especialísima acción destinada a salvaguardar la normal prestación de la actividad pública que despliega cada uno de los órganos del Poder Público que en un determinado momento pudiere verse afectada cuando dos o más de ellos estima atribuida una facultad, competencia o atribución constitucionalmente prescrita, dando lugar al ejercicio paralelo de la función disputada —conflicto positivo—; o por el contrario, cuando ninguno de los entes reconoce ostentar la titularidad de esa facultad, competencia, o atribución constitucional, provocando la omisión de acometer una función encomendada a alguno de ellos por la Carta Magna —conflicto negativo—.

La acción en cuestión tiene por objeto que la Sala Constitucional, como garante y máximo defensor de los principios consagrados en el Texto Fundamental, ajuste la actuación de los órganos que ejercen el Poder Público al cauce constitucional. Según la Sala la visión del constituyente con respecto a este procedimiento, resulta acertada y coherente, pues será ésta Sala quien resolverá los conflictos constitucionales interpretando para ello la Carta Fundamental y dilucidando cuál de las entidades en disputa detenta la función objeto del conflicto y de esa forma evitar el desorden político en ciernes. Será de la competencia de la Sala Político Administrativa la resolución de los conflictos administrativos, dado que en estos casos la controversia encuentra su origen en la ordenación infraconstitucional, cuyo control le está dado a la jurisdicción contencioso administrativa.

Un elemento característico de este tipo de controversias constitucionales es por la vía de la intervención administrativa en cabeza de alguno de los órganos involucrados que excluye la participación del otro.

Dada la finalidad ulterior de este tipo de demandas, estamos en presencia de una acción declarativa.

Legitimación

La Sala Constitucional —Sentencia No. 226 del 18/2/03— en cuanto a los requisitos para la legitimación de la acción de resolución de controversia constitucional, precisó que la facultad para participar en tal juicio es sumamente restringida y sólo es dable a los titulares de los órganos constitucionales en pugna y a quienes ejerzan su representación.

Sin embargo, debe considerarse que la defensa de los intereses constitucionales no debe ser restringida y en consecuencia entidades como la Defensoría del Pueblo podrán ejercer la acción en la medida que la controversia suscitada afecte los derechos y garantías establecidos en la Constitución; asimismo debe considerarse esta acción como una subespecie de la acción popular de inconstitucionalidad, por lo que podrá ser ejercida por cualquier persona natural o jurídica y en la medida que la controversia afecte derechos y garantías constitucionales inherentes a sus propios intereses, particularmente en los casos de conflicto negativo.

Competencia

Tal y como lo establecen los arts. 336.9 de la CRBV y 25.9 de la LOTSJ, corresponde a la Sala Constitucional del Máximo Tribunal conocer de este tipo de conflictos.

La Sala Constitucional podrá asumir el conocimiento de un asunto que resulte en un primer momento inadmisible, cuando el objeto de mantener la paz social, el orden democrático o el principio de separación de los poderes así lo exija.

Procedimiento

La entidad demandante presentará su escrito en el cual denunciará la ocurrencia de una controversia constitucional y señalará que se trata de un conflicto entre distintas autoridades públicas, que tal conflicto no se manifiesta en torno a la legitimidad de las autoridades, las amenazas o daños que el conflicto puede o ha generado y la afectación del orden público, como aspectos principales.

En el escrito de demanda, o en cualquier otro estado y grado de la causa, se podrán solicitar las medidas cautelares pertinentes y que en todo caso estarán referidas a obtener la protección de la integridad de la Constitución y especialmente la preservación de la prestación de los servicios públicos; tal y como lo dispone el art. 130 de la LOTSJ.

Presentada la demanda se designará el Ponente y se procederá al pronunciamiento sobre la admisión; a tales efectos, la Sala emitirá una decisión y en la cual deberá considerar el objeto de la pretensión, su competencia para conocer del asunto y si la demanda no se encuentra incursa, *prima facie,* en alguna de las causales previstas en el art. 133 de la LOTSJ. Resulta motivo de inadmisibilidad cuando la Sala en sentencias anteriores a la interposición de la demanda, haya resuelto el punto y considere que no sea necesario modificarlo; este motivo de inadmisibilidad no opera en razón de la precedencia de una decisión respecto del mismo punto planteado, sino a la persistencia en el ánimo de la Sala del criterio sustentado en la decisión previa.

La Sala Constitucional —Sentencia No. 226 del 18/2/03— al momento de pronunciarse sobre la admisión, deberá determinar su competencia para resolver el conflicto y para lo cual examinará el cumplimiento de dos requisitos concurrentes que permitan calificar el conflicto como de índole constitucional, esto es, que el mismo tenga lugar:

a. Entre órganos de configuración constitucional; y

b. Con ocasión de facultades, competencia o atribuciones de índole constitucional. Resulta necesario que la Sala determine si lo planteado trata de un conflicto entre órganos del Poder Público que subvierte el orden constitucional; o si por el contrario, se trata de una controversia administrativa suscitada en el funcionamiento de la Administración, ya que en este último caso corresponde el conocimiento del asunto a la jurisdicción contencioso-administrativa.

En la misma decisión donde sea admitido el recurso, se emitirá el pronunciamiento relativo a la medida cautelar solicitada, para lo cual no sólo deberán tomarse en cuenta los alegatos y argumentación relativa a los hechos y al derecho que se invocan para lograr la convicción de la Sala respecto a su procedencia, sino que también se tomará en cuenta todo instrumento que pueda ser aportado.

Admitida la demanda, se ordenará la citación de la parte demandada y la notificación de la Fiscalía General de la República, así como de cualquier otra entidad que se estime necesaria, remitiéndosele copia certificada del escrito de demanda y del auto de admisión.

Luego de practicadas las citaciones y las notificaciones, quedará abierto un lapso de diez (10) días de despacho para la consignación de escrito de defensa y promoción de pruebas, debiéndose en todo caso consignarse los medios instrumentales. Vencido el lapso de promoción se abrirá un lapso de tres (3) días de despacho para hacer oposición a las pruebas por motivos de ilegalidad o impertinencia. El Juzgado de Sustanciación deberá providenciar sobre la admisión de las pruebas en un lapso de cinco (5) días de despacho y procederá a fijar la oportunidad para la celebración de la Audiencia Pública; en caso, de falta de promoción de pruebas distintas a las documentales, la causa entrará en estado de sentencia y se remitirá a la Sala para que decida en un plazo de veinte (20) días, a menos que la propia Sala, si lo estimare pertinente, resuelva fijar la celebración de la audiencia.

En la oportunidad que tenga lugar la Audiencia Pública, la Sala fijará los términos en que quedó planteada la controversia y ordenará se proceda a la evacuación de las pruebas admitidas, bien en esa misma oportunidad o en otra que a tales efectos fije; estableciendo los términos para el control y contradicción de los medios a evacuarse.

La Audiencia Pública se realizará mediante la exposición oral de los alegatos realizados por las partes, para lo cual el Presidente de la Sala señalará el tiempo de que disponen y fijará las pautas para el ejercicio de los derechos de réplica y contrarréplica. La Sala, oída las partes, podrá ordenar la evacuación de pruebas para el esclarecimiento de hechos dudosos u oscuros. Concluido el debate, los Magistrados procederán a deliberar y dictarán la decisión correspondiente.

Sentencia

La decisión deberá resolver el conflicto planteado mediante la interpretación de la Constitución, dilucidando cuál de las entidades en disputa ostenta la función pública controvertida y a tales efectos fijará las pautas correspondientes; esta decisión tendrá carácter vinculante a tenor de lo dispuesto en el art. 335 de la Carta Magna.

Capítulo VI

De la Acción por Colisión de Leyes

Temas del Capítulo

Capítulo VI

De la Acción por Colisión de Leyes

Base Constitucional y Legal

Dispone el art. 336.8 de la CRBV lo siguiente:

> *Art. 336. CRBV: Son atribuciones de la Sala Constitucional del Tribunal Supremo de Justicia:*
>
> *(...)*
>
> *8. Resolver las colisiones que existan entre diversas disposiciones legales y declarar cuál de éstas debe prevalecer.*

La Ley Orgánica del Tribunal Supremo de Justicia en su art. 25.8 consagra la competencia de la Sala Constitucional para conocer de este tipo de acción y en tal sentido dispone lo siguiente:

> *Art. 25. LOTSJ:*
>
> *(...)*
>
> *8. Resolver las colisiones que existan entre diversas disposiciones legales y declarar cuál debe prevalecer".*

Naturaleza Jurídica

Se trata de una acción declarativa de mera certeza que no anula la norma prevalente. El fallo que se dicte no ordena ningún cumplimiento sino que reconoce una situación jurídica preexistente, sin modificar la relación jurídica sustantiva.

La Sala Constitucional —Sentencia No. 889 del 31/5/2001— considera que el objeto del recurso de colisión es declarar, con efectos *erga omnes*, y previa determinación del conflicto de normas que se manifiesta cuando la aplicación de una de las normas implica la violación del objeto de la otra norma en conflicto, o bien cuando la ejecución de una norma impide la ejecución de la otra, cuál es la disposición que debe prevalecer y ser aplicada con preferencia a la materia regulada por las normas coincidentes.

Otra modalidad que puede dar lugar a este tipo de demandas, es la que la Sala —Sentencia No. 356 del 11/5/00— ha calificado como de "colisión de sistemas normativos", que serían los casos de conjuntos de normas que rigen una materia determinada que en abstracto forman un cuerpo coherente, pero que, al ser comparadas con otras normas que regulan una situación igual o análoga, se hacen incompatibles al punto de generar problemas en su ejecución, en forma tal que la aplicación de uno de los dos sistemas implique la violación del sentido y alcance del otro régimen jurídico que coexiste con aquél.

Legitimación

Tal y como lo señalan los autores Allan Brewer Carías y Víctor Hernández Mendible[1], este recurso constituye un mecanismo de control respecto de la vigencia de las leyes en casos de derogación tácita y en aplicación del art. 218 de la Constitución; por lo tanto, debe considerarse como una subespecie de la acción popular de inconstitucionalidad y podrá ser ejercida por cualquier persona natural o jurídica, no exigiendo la ley un interés procesal calificado ni por la posible existencia de una especial situación de hecho que vincule alguna posición jurídico-subjetiva con las normas legales en conflicto.

En cuanto a la legitimación pasiva, la Sala Constitucional —Sentencia No. 2.651 del 2/10/03— consideró al tratar sobre un recurso de interpretación, que en teoría el órgano jurisdiccional no necesita oír a alguna persona para dar su opinión vinculante, pero la prudencia y la responsabilidad le exigen no limitarse a estudiar el caso con prescindencia de los pareceres ajenos, por lo que ha de procurarse llamar a quienes pudieren tener algo que decir y que, al hacerlo, podrían ilustrar a los Magistrados en la toma de su propia postura. De allí, que para la protección de esos intereses, la Sala emplazará, no porque haya materia sobre la cual defenderse, pero sí sobre que opinar.

Competencia

Tal y como lo establecen los arts. 336.8 de la CRBV y 25.8 de la LOTSJ, corresponde a la Sala Constitucional del Máximo Tribunal conocer de este tipo de conflictos.

Características

La Sala Constitucional —Sentencia No. 567 del 22/3/2002— ha delineado las características del recurso de colisión de leyes, partiendo de la existencia de diferentes disposiciones que estén destinadas a regular en forma diferente una misma hipótesis; siendo los criterios interpretativos para este recurso, los siguientes:

---

[1] Brewer Carías Allan y Hernández Mendible Victor Obra citada

a) Puede plantearse cuando la presunta colisión se da entre cualquier tipo de normas, e incluso tratarse de diferentes disposiciones de un mismo texto legal.

b) El conflicto de normas se manifiesta cuando la aplicación de una de las normas implica la violación del objeto de la otra norma en conflicto; o bien, cuando impide la ejecución de la misma.

c) No se exige que exista un caso concreto de conflicto planteado, cuya decisión dependa del predominio de una norma sobre otra; sino que el conflicto puede ser potencial, es decir, susceptible de materializarse en cualquier momento en que se concreten las situaciones que las normas regulan.

d) No debe confundirse este recurso con el de interpretación previsto en el numeral 6 del art. 266 de la Constitución de 1999.

e) No se puede pretender que a través de este mecanismo se resuelvan cuestiones de inconstitucionalidad.

La Sala —Sentencia No. 2.922 del 7/10/05— ha señalado que no puede plantearse un recurso de colisión entre una Ley y un Reglamento, por cuanto el último constituye un acto de efectos generales, de contenido normativo, de rango sub-legal y dictado en ejercicio de una función administrativa, lo cual origina que no obedezcan a normas que estén comprendidas dentro del mismo grado del ordenamiento jurídico cuyo conflicto haga inejecutable la misma.

Procedimiento

El demandante presentará su escrito y el cual deberá contener la comparación entre las normas legales sobre las cuales versa el recurso e indicar el criterio del demandante en relación a cuál de ellas debe prevalecer. A la demanda se acompañarán los documentos indispensables para verificar su admisibilidad.

Presentada la demanda se designará el Ponente y se procederá al pronunciamiento sobre la admisión; a tales efectos, la Sala emitirá una decisión y en la cual deberá considerar el objeto de la pretensión, su competencia para conocer del asunto y si la demanda no se encuentra incursa, *prima facie,* en alguna de las causales previstas en el art. 133 de la LOTSJ. La Sala podrá reconducir la pretensión deducida por el recurrente, por ejemplo cuando tratándose de un recurso de nulidad de normas, aprecie que el asunto versa sobre la colisión de leyes y en tal sentido pasará a pronunciarse sobre el mérito de la solicitud.

La Sala podrá declarar la inadmisibilidad de la acción propuesta por alguna de las causas previstas en el referido art. 130 de la LOTSJ; asimismo, podrá declarar la improponibilidad de la acción interpuesta cuando, por ejemplo, se pretenda el control de la constitucionalidad de un proyecto de acto normativo que como tal no ha adquirido eficacia de ley.

Admitida la demanda, se ordenará la citación de la parte demandada y la notificación de la Fiscalía General de la República, así como de las demás entidades que se estimen necesarias, remitiéndosele copia certificada del escrito de demanda y del auto de admisión; de igual forma, se remitirá el expediente al Juzgado de Sustanciación para que realice la citación y notificaciones ordenadas y libre el cartel de emplazamiento de los interesados de considerarlo conveniente la Sala.

Luego de practicadas las citaciones, notificaciones y emplazamiento de interesados, quedará abierto un lapso de diez (10) días de despacho para consignación de escritos y promoción de pruebas, debiéndose en todo caso consignarse los medios instrumentales. Vencido el lapso de promoción se abrirá un lapso de tres (3) días de despacho para hacer oposición a las pruebas por motivos de ilegalidad o impertinencia. El Juzgado de Sustanciación deberá providenciar sobre la admisión de las pruebas en un lapso de cinco (5) días de despacho y procederá a fijar la oportunidad para la celebración de la Audiencia Pública; en caso, de falta de promoción de pruebas distintas a las documentales, la causa entrará en estado de sentencia y se remitirá a la Sala para que decida en un plazo de veinte (20) días, a menos que la propia Sala, si lo estimare pertinente, resuelva fijar la celebración de la audiencia.

En la oportunidad que tenga lugar la Audiencia Pública, la Sala fijará los términos en que quedó planteada la controversia y ordenará se proceda a la evacuación de las pruebas admitidas, bien en esa misma oportunidad o en otra que a tales efectos fije; estableciendo los términos para el control y contradicción de los medios a evacuarse.

La Audiencia Pública se realizará mediante la exposición oral de los alegatos realizados por las partes, para lo cual el Presidente de la Sala señalará el tiempo de que disponen y fijará las pautas para el ejercicio de los derechos de réplica y contrarréplica. La Sala, oída las partes, podrá ordenar la evacuación de pruebas para el esclarecimiento de hechos dudosos u oscuros. Concluido el debate, los Magistrados procederán a deliberar y dictarán la decisión correspondiente.

Sentencia

La decisión que se dicta en este tipo de proceso tiene carácter declarativo y determinará cuál de los enunciados normativos debe prevalecer con miras a resolver la colisión planteada.

El fallo deberá considerar que la existencia de las normas enfrentadas pertenecen a cuerpos normativos diferentes, si tal fuere el caso, que regulan un mismo supuesto de hecho y que resultando aplicados simultáneamente atribuyen consecuencias jurídicas divergentes o contienen preceptos normativos con enunciados contradictorios; para resolver tales antinomias legales, la Sala podrá utilizar todos los criterios a su alcance y en los cuales se incluyen los tradicionales tales como los de jerarquía, especialidad, temporalidad, entre otros.

Capítulo VII

Del Recurso de Interpretación

Capítulo VII

Del Recurso de Interpretación

Base Constitucional y Legal

Dispone el art. 335 de la Carta Fundamental lo siguiente:

> *Art. 335. CRBV: El Tribunal Supremo de Justicia garantizará la supremacía y efectividad de las normas y principios constitucionales; será el máximo y último intérprete de la Constitución y velará por su uniforme interpretación y aplicación. Las interpretaciones que establezca la Sala Constitucional sobre el contenido y alcance de las normas y principios constitucionales son vinculantes para las otras Salas del Tribunal Supremo de Justicia y para los demás Tribunales de la República.*

La LOTSJ en su artículo 25.17 dispone que:

> *Art. 25. LOTSJ: Son competencias de la Sala Constitucional del Tribunal Supremo de Justicia:*
> *(...)*
> *17. Conocer de las demandas de interpretación de normas y principios que integran el sistema constitucional.*

Naturaleza Jurídica

El recurso de interpretación guarda estrecha relación con las funciones que la propia Constitución cumple en el marco de la actividad política del Estado.

La interpretación constitucional posibilita el giro del proceso hermenéutico o comprensivo alrededor de las normas y principios básicos que la Carta Fundamental ha previsto. La interpretación constitucional requiere del cumplimiento de varias condiciones, unas formales, como la técnica fundamental —división del poder, reserva legal, no retroactividad de las leyes, generalidad y permanencia de las normas, soberanía del orden público, entre otras—; y otras axiológicas: Estado Social de Derecho y Justicia, pluralismo político y preeminencia de los derechos fundamentales, soberanía y autodeterminación nacional.

Interpretar el ordenamiento jurídico conforme a la Constitución significa salvaguardar a la Carta Fundamental de toda desviación de principios y del apartamiento del proyecto político que ella encarna por voluntad del pueblo. La interpretación debe hacerse según la tradición de cultura viva cuyo sentido y alcance depende del análisis concreto e histórico de los valores compartidos del pueblo.

La finalidad de la acción de interpretación constitucional será la de obtener una declaración de certeza sobre el alcance y el contenido de una norma constitucional, la misma tiene su sustento en la participación ciudadana y puede hacerse incluso como paso previo a la acción de inconstitucionalidad ya que la interpretación puede despejar dudas y ambigüedades sobre una supuesta colisión. Se trata de una tutela preventiva, tal y como lo ha considerado la Sala Constitucional —Sentencia No. 1.077 del 2/9/00—.

Sistemas de interpretación

Debe de entenderse por interpretación, la actividad tendiente a indagar y esclarecer la norma, con la finalidad de buscar la orientación del pensamiento en ella contenido y el objeto perseguido por ésta. La interpretación tiene como función característica establecer el sentido y alcance de la norma, no procediendo en forma mecánica, sino mediante un proceso lógico, donde se consideren todas las posibilidades del precepto; interpretando no sólo aquellas normas cuyo contenido resulte oscuro, sino aun las que sean claras, con el designio concreto de deducir de los amplios y generales términos en que ella está concebida, todas las consecuencias útiles en ella contenidas.

Los sistemas de interpretación que pueden ser utilizados son diversos, a saber: auténtica, judicial, literal, lógica, sistemática, restrictiva, extensiva, analógica, histórica, política, evolutiva y teleológica o finalista.

Partiendo de la hermenéutica jurídica como la ciencia que interpreta los textos escritos y fija su verdadero sentido, tenemos que existen varios métodos. En el método sistemático, la norma es interpretar a la luz de todo el ordenamiento jurídico, en tal sentido, el legislador ha concebido el texto constitucional como un sistema, de forma tal que la sistematicidad pasaría a ser una característica fundamental de la Constitución y así lo consagra el artículo 25.7 de la LOTSJ y que se refiere expresamente al sistema constitucional.

A modo de ejemplo, vale destacar el método utilizado por la Sala Constitucional con ocasión de la interpretación del artículo 350 de la Carta Magna y que fue resuelto según Sentencia No. 24 del 22 de enero de 2003. La Sala observó que si bien cualquier vocablo puede admitir más de una acepción, lo cual implicaría una ambigüedad lingüística, ello puede subsanarse en función de una adecuada interpretación de la disposición que atienda a la inserción del dispositivo normativo dentro del texto constitucional, legal o sublegal que lo contenga; debiendo tenerse siempre como regla de interpretación que la norma debe ser considerada como parte de un conjunto armónico y sistematizado, y no pretender discernir su significado de una manera aislada de su contexto normativo. En tal sentido, la Sala Constitucional concluyó, con base al concepto de soberanía históricamente atribuido a Juan Jacobo Rousseau, que el sentido que debe asignársele al pueblo de Venezuela es el conjunto de las personas del país y no una parcialidad de la población, de una clase social o un pequeño poblado, y menos individualidades; como consecuencia de esta interpretación, la referida Sala declaró que el desconocimiento al cual alude el art. 350 implica la no aceptación de cualquier régimen, legislación o autoridad que no derive del ejercicio del poder constituyente, pero ese desconocimiento que plantea la norma sólo puede manifestarse mediante los diversos mecanismos para la participación ciudadana contenidos en la Carta Fundamental, como los contemplados en el art. 70.

Legitimación

La Sala Constitucional —Sentencia No. 1.077 del 22/9/00— ha establecido que quien intente el recurso de interpretación constitucional, sea como persona pública o privada, debe invocar un interés jurídico actual, legítimo, fundado en una situación jurídica concreta y específica en que se encuentre, y que requiere necesariamente de la interpretación de normas constitucionales aplicables a la situación, a fin de que cese la incertidumbre que impide el desarrollo y efectos de dicha situación jurídica. Es necesario, que exista un interés legítimo, que se manifiesta por no poder disfrutar correctamente la situación jurídica en que se encuentra debido a la incertidumbre, a la duda generalizada.

En relación al sujeto accionado o legitimado pasivo, la Sala Constitucional —Sentencia No 1.077 del 22/9/00— ha señalado que se trata de procesos que potencialmente contienen una controversia entre el accionante y los otros componentes de la sociedad que tengan una posición contraria a él, y que no tratan como en el proceso civil, por ejemplo, de reclamaciones de derechos entre partes. Pero tal naturaleza, no elimina en las acciones constitucionales, procesos con partes que ocupan la posición de un demandado, como lo sería la sociedad encarnada por el Ministerio Público, o los interesados indeterminados llamados a juicio mediante edictos o carteles, o con litigantes concretos.

Competencia

La competencia para conocer de la demanda de interpretación de normas y principios que integran el sistema constitucional, es exclusiva de la Sala Constitucional del Tribunal Supremo de Justicia.

De igual forma, se debe señalar que el art. 266.6 de la Constitución establece que son atribuciones del Tribunal Supremo de Justicia conocer de los recursos de interpretación sobre el alcance y contenido de las normas legales en los términos contemplados en la ley.

Procedimiento

La petición de interpretación debe señalar con precisión en que consiste la oscuridad o ambigüedad de disposiciones, o la contradicción entre las normas del texto constitucional, o sobre la naturaleza y alcance de los principios aplicables, o sobre situaciones contradictorias o ambiguas observadas en el análisis de la Constitución y las normas del régimen transitorio o del régimen constituyente.

El objeto de la acción debe ser novedoso y que por tanto pretenda cambiar el criterio explanado en decisión previa.

La Sala Constitucional —Sentencia No. 03-2.031 del 7/6/04— enumeró los distintos fundamentos del recurso de interpretación señalando al efecto lo siguiente:

1) Cuando determinadas normas constitucionales colidan con los principios y valores jerárquicamente superiores que acogió el Texto Constitucional;

2) Si la Constitución se remite, como principios que la rigen, a doctrinas en general sin la precisión de en qué consisten, o cuál sector de ella es aplicable; o cuando ella se refiere a derechos humanos que no aparecen en la Carta Fundamental; o a Tratados Internacionales protectores de derechos humanos que no se han convertido en leyes nacionales y en cuyo texto, sentido y vigencia requieren de aclaratoria;

3) Cuando dos o más normas constitucionales colidan entre ellas, absoluta o aparentemente, en forma que haga necesario que tal situación endoconstitucional sea aclarada;

4) Cuando se cuestione la constitucionalidad o adecuación al Derecho Interno de las normas que emanen de órganos supranacionales, a las cuales esté sujeta la República en virtud de tratados y convenios internacionales;

5) Cuando también se haga necesaria la interpretación, a un nivel general, para el establecimiento de los mecanismos procesales que permitan el cumplimiento de las decisiones de los órganos internacionales que menciona el art. 31 de la Constitución, mientras se promulgan las leyes relativas al amparo internacional de los derechos humanos;

6) Ante interrogantes con relación al régimen transitorio, cuando normas de éste parezcan sobreponerse a la Constitución;

7) Cuando se requiera la determinación del contenido y alcance de normas constitucionales, pero aún sin desarrollo legislativo, con la finalidad de que sus disposiciones no queden en suspenso indefinido;

8) Cuando existan normas constitucionales cuyo contenido ambiguo las haga inoperantes y, ante tal situación, para que puedan aplicarse, haya que interpretarlas en sentido congruente con la Constitución y sus principios;

9) Ante interrogantes que tengan relación con la congruencia del texto constitucional con las facultades del constituyente.

La demanda no puede contener pretensiones de condena, declarativa ni constitutiva; por lo que debe limitarse a la mera solicitud de interpretación.

Además de las causales de inadmisibilidad previstas en el art. 133 de la LOTSJ, la jurisprudencia de la Sala Constitucional ha venido señalando que en materia de este recurso, el mismo resultará inadmisible si la petición no expresa su objeto con precisión; cuando en sentencias anteriores, la Sala haya resuelto el punto; cuando con el ejercicio del recurso se pretende sustituir algún medio ordinario a través del cual el juez pueda aclarar la duda planteada; cuando se persigue adelantar un pronunciamiento sobre un asunto planteado ante otro órgano jurisdiccional, o lograr una opinión previa sobre la inconstitucionalidad de una ley.

Presentada la demanda se designará el Ponente y se procederá al pronunciamiento sobre la admisión; a tales efectos, la Sala emitirá una decisión y en la cual deberá considerar el objeto de la pretensión, su competencia para conocer del asunto y si la demanda no se encuentra incursa, *prima facie,* en alguna de las causales previstas en el art. 133 de la LOTSJ.

En la misma decisión donde sea admitido el recurso, se emitirá el pronunciamiento relativo a la medida cautelar solicitada, para lo cual no sólo deberán tomarse en cuenta los alegatos y argumentación relativa a los hechos y al derecho que se invocan para lograr la convicción de la Sala respecto a su procedencia, sino que también se tomará en cuenta todo instrumento que pueda ser aportado.

Admitida la demanda, se ordenará la notificación de la Fiscalía General de la República, así como de cualquier otra entidad que se estime necesario, remitiéndosele copia certificada del escrito de demanda y del auto de admisión; de igual forma, se remitirá el expediente al Juzgado de Sustanciación para que realice la citación y notificaciones ordenadas y libre el cartel de emplazamiento de los interesados.

Luego de practicadas las citaciones, notificaciones y emplazamiento de interesados, y resuelta la participación de éstos si tal fuera el caso, quedará abierto un lapso de diez (10) días de despacho para consignación de escritos y promoción de pruebas, debiéndose en todo caso consignarse los medios instrumentales. Vencido el lapso de promoción se abrirá un lapso de tres (3) días de despacho para hacer oposición a las pruebas por motivos de ilegalidad o impertinencia. El Juzgado de Sustanciación deberá providenciar sobre la admisión de las pruebas en un lapso de cinco (5) días de despacho y procederá a fijar la oportunidad para la celebración de la Audiencia Pública; en caso, de falta de promoción de pruebas distintas a las documentales, la causa entrará en estado de sentencia y se remitirá a la Sala para que decida en un plazo de veinte (20) días, a menos que la propia Sala, si lo estimare pertinente, resuelva fijar la celebración de la audiencia.

En la oportunidad que tenga lugar la Audiencia Pública, la Sala fijará los términos en que quedó planteada la controversia y ordenará se proceda a la evacuación de las pruebas admitidas, bien en esa misma oportunidad o en otra que a tales efectos fije; estableciendo los términos para el control y contradicción de los medios a evacuarse.

La Audiencia Pública se realizará mediante la exposición oral de los alegatos realizados por las partes, para lo cual el Presidente de la Sala señalará el tiempo de que disponen y fijará las pautas para el ejercicio de los derechos de réplica y contrarréplica. La Sala, oída las partes, podrá ordenar la evacuación de pruebas para el esclarecimiento de hechos dudosos u oscuros. Concluido el debate, los Magistrados procederán a deliberar y dictarán la decisión correspondiente.

Sentencia

La Sala Constitucional —Sentencia No. 1.347 del 9/11/00— ha señalado que la decisión a dictarse en este tipo de procedimiento consiste principalmente en una mera declaración, con efectos vinculantes sobre el núcleo mínimo de la norma estudiada o sobre su extensión; es decir, con los rasgos o propiedades que se predican de los términos que forman el precepto y del conjunto de objetos o de dimensiones de la realidad abarcadas cuando resulten dudosas u oscuras, respetando a su vez, la concentración o generalidad de las normas constitucionales.

La referida Sala —Sentencia No. 565 del 15/3/2008— ha establecido, a título enunciativo, algunos motivos de improcedencia de la acción de interpretación, a saber:

a) Imprecisión en cuanto al motivo de la solicitud. La petición de interpretación puede resultar improcedente, si ella no expresa con claridad en qué consiste la oscuridad o ambigüedad de las disposiciones o la contradicción entre las normas del Texto Constitucional o cuando no alegue una afectación actual o futura a la esfera jurídica del solicitante.

b) Que la norma en cuestión no presente la alegada oscuridad, ambigüedad o inoperatividad.

c) Cuando a su respecto la Sala pudiera exceder sus facultades jurisdiccionales al momento de proveer sobre la interpretación solicitada, violando el principio de separación de poderes, atentar contra la reserva legal o, en fin, cuando el objeto de la petición desnaturalice, en perjuicio de la espontaneidad de la vida social y política, los objetivos de la solicitud de interpretación.

La decisión que se dicte en la resolución del recurso de interpretación no puede suplir las potestades de los órganos del Poder Público u, ordenar la manera que éstas se desempeñen en el ejercicio de sus actividades propias.

La Sala evitará, salvo gravísimas dudas, pronunciarse sobre acciones a ser ejecutadas, desarrollo de programas, políticas a implementar, o en fin, sobre la manera de ejercer sus funciones otros órganos.

En su sentencia la Sala precisará el núcleo de los preceptos, valores o principios constitucionales, en atención a dudas razonables respecto a su sentido y alcance, originadas en una presunta antinomia u oscuridad.

La Sala Constitucional —Sentencia No. 1.684 del 4/11/08— considera que es posible que la Constitución contenga disposiciones que estén en contradicción (antinómicas), que desplieguen o repitan expresiones normativas (redundancias), que contengan normas cuyos términos dificulten conocer a que hechos o conductas se refieren (lagunas de conocimiento), que adolezcan de vaguedad o ambigüedad manifiesta (lagunas de reconocimiento), que carezcan de soluciones para un conjunto de acciones que ameriten un tratamiento normativo (lagunas normativas), o que habiendo dado solución la misma no se corresponda con la naturaleza de las acciones o conductas regulares (lagunas axiológicas); siendo el deber del órgano jurisdiccional resolver la incoherencia o inconsistencia de la norma, estando facultada incluso para acudir al texto constitucional derogado e integrarlo al nuevo texto constitucional.

La decisión de la Sala puede extenderse a la determinación de los efectos derivados de la interpretación realizada, tal y como lo hizo en la sentencia N° 1682 de fecha 15 de julio de 2005 sobre el alcance del art. 77 de la CRBV que regula las llamadas "uniones estables". En dicha decisión, de conformidad con la petición realizada por el accionante, la Sala estableció que resultan aplicables a las uniones estables, declaradas por sentencia judicial firme, el régimen patrimonial del matrimonio, la existencia de derechos sucesorales en este tipo de parejas, así como el derecho de exigir alimentos, entre otras cuestiones.

Al tratarse de una decisión sobre interpretación constitucional, la misma deberá publicarse en la Gaceta Judicial de conformidad con lo previsto en el artículo 126 de la Ley Orgánica del Tribunal Supremo de Justicia,

De la interpretación legal

El art. 266.6 de la CRBV establece como una atribución del Tribunal Supremo de Justicia conocer de los recursos de interpretación sobre el contenido y alcance de los textos legales, en los términos contemplados en la ley. Por su parte, la LOTSJ en su art. 26.21 consagra como competencia de la Sala Político Administrativa conocer de los recursos de interpretación de leyes de contenido administrativo; estableciendo esa misma ley en su art. 31.6 que es competencia de cada Sala del Máximo Tribunal conocer las demandas de interpretación acerca del alcance e inteligencia de los textos legales, siempre que dicho conocimiento no signifique una sustitución del mecanismo, medio o recurso que disponga la ley para dirimir la situación de que se trate.

Mediante este recurso se interpreta el contenido y alcance de un texto legal, por lo tanto el juzgador no declara derecho alguno a favor del actor, sino que, si declara con lugar la demanda, interpreta el derecho. En este tipo de casos, debe existir un interés jurídico del actor de obtener la mera declaración, no en el sentido tradicional para oponérsela a alguien (demandado) sino en el sentido que el contenido y alcance del derecho existente sea precisado.

La Sala Constitucional —Sentencia No. 1.197 del 23/7/2008— ha señalado, con carácter vinculante, que aquellos textos legales cuyas disposiciones copian, reproducen o transcriben enunciados constitucionales, sufren una causada disminución en cuanto a su fuerza de ley, tanto activa como pasiva. Según la Sala y con apoyo en la doctrina, tendrían fuerza de ley aquellas normas que, activamente tienen la capacidad de modificar el ordenamiento, y pasivamente, aquellas que serían modificables o derogables sólo por normas del mismo rango. En tal sentido, las Salas del Tribunal Supremo de Justicia serán procesalmente competentes para conocer de las pretensiones de interpretación que se formulen respecto de dichas disposiciones que son reproducciones de la Constitución; pero, en virtud de su fuerza de ley notablemente disminuida, dichas Salas tendrían que inadmitir tales pretensiones, pues nada habría que aclarar respecto a una norma que lo es sólo en un sentido formal-procedimental legislativo, pero cuyo contenido no es aplicable, por habérselo reservado previamente la Constitución.

Con respecto a las normas de carácter procesal, la Sala de Casación Civil ha establecido que tales normas únicamente son interpretadas por el Juez con motivo de la conducción del proceso y su decisión, por ende, no son susceptibles de ser interpretadas a través del recurso de interpretación previsto en la Constitución de la República y en la Ley Orgánica del Tribunal Supremo de Justicia.

La Sala Política Administrativa ha establecido que la acción de interpretación es sólo sobre normas de rango legal, entre los cuales se encuentran los Decretos-Leyes, por lo que no procede la interpretación sobre un Reglamento por ser una norma de rango sub-legal.

Comentario sobre la Sentencia No. 2 del 9 de enero de 2013, de la Sala Constitucional del TSJ. Interpretación del art. 231 CRBV.

En fecha 10 de enero de 2013, la Sala Constitucional del Tribunal Supremo de Justicia dictó una decisión mediante la cual interpreta el contenido del art. 231 de la Constitución, fallo que ha dado lugar a muchísimos comentarios y críticas, y el cual la referida Sala resolvió lo siguiente:

> *"(iv) A pesar de que el 10 de enero próximo se inicia un nuevo período constitucional, no es necesaria una nueva toma de posesión en relación al Presidente Hugo Rafael Chávez Frías, en su condición de Presidente reelecto, en virtud de no existir interrupción en el ejercicio del cargo.*

> *(v) La juramentación del Presidente reelecto puede ser efectuada en una oportunidad posterior al 10 de enero de 2013 ante el Tribunal Supremo de Justicia, de no poder realizarse dicho día ante la Asamblea Nacional, de conformidad con lo previsto en el artículo 231 de la Carta Magna. Dicho acto será fijado por el Tribunal Supremo de Justicia, una vez que exista constancia del cese de los motivos sobrevenidos que hayan impedido la juramentación.*

> *(vi) En atención al principio de continuidad de los Poderes Públicos y al de preservación de la voluntad popular, no es admisible que ante la existencia de un desfase cronológico entre el inicio del período constitucional y la juramentación de un Presidente reelecto, se considere (sin que el texto fundamental así lo paute) que el gobierno queda ipso facto inexistente. En consecuencia, el Poder Ejecutivo (constituido por el Presidente, el Vicepresidente, los Ministros y demás órganos y funcionarios de la Administración) seguirá ejerciendo cabalmente sus funciones con fundamento en el principio de la continuidad administrativa.*

Como se ha señalado, el fallo en cuestión ha sido objeto de muchas críticas, entre las cuales se recogen: que la juramentación es un acto de naturaleza imprescindible, y por tanto, no puede ser postergado en forma indefinida como lo contempla el fallo; que la situación de hecho establecida por la Sala no puede ser considerada como *"un motivo sobrevenido"*; que la activación del mecanismo previsto en el art. 233 y en el sentido de proceder a la designación de una Junta Médica que certifique la condición de salud del Presidente de la República constituye el medio constitucional para determinar si se está en presencia de algún tipo de falta, y por tanto no podía descartarse a *priori* la existencia de una falta temporal; que la activación de los mecanismos constitucionales para establecer la condición de salud del Presidente de la República no deben ser considerados como un desconocimiento de la voluntad popular manifestada en el acto comicial que reeligió al Primer Mandatario; que no cabe la aplicación del principio de continuidad administrativa, ya que no se trata de considerar la inexistencia del gobierno, sino de aplicar los mecanismos constitucionales que determinen la condición de salud del Presidente y para el caso que operen los supuestos de falta temporal o absoluta del Jefe del Estado, proceder entonces en los términos que prevé la Carta Magna.

Es de resaltar, que la referida decisión de la Sala Constitucional señala que la interpretación debe realizarse atendiendo a los principios axiológicos en los cuales descansa el Estado Constitucional venezolano, y en tal sentido invoca el fallo No. 1.309 de fecha 19 de julio de 2001, fallo en el cual se expresa lo siguiente:

> *"... con razón se ha dicho que el derecho es una teoría normativa puesta al servicio de una política — la política que subyace tras el proyecto axiológico de la Constitución —, y que la interpretación debe comprometerse, si se quiere mantener la supremacía de ésta, cuando se ejerce la jurisdicción constitucional atribuida a los jueces con la mejor teoría política que subyace tras el sistema que se interpreta o se integra y con la moralidad institucional que le sirve de base axiológica —interpretatio favor Constitutione —".*

En este orden de ideas, resulta conveniente hacer referencia al criterio de la doctrina, en este caso la opinión del profesor Eduardo García de Enterría, quien expresa que toda la polémica sobre los Tribunales Constitucionales versa sobre cuestiones bien conocidas. Por una parte, la cuestión de la tensión entre política y derecho, que inquiere si los graves problemas políticos que se someten a la decisión del Tribunal pueden resolverse con los criterios y métodos de una decisión judicial; es por tanto, el Tribunal, a pesar de su nombre, una verdadera jurisdicción, o es más bien un órgano político que decide políticamente bajo capa de sentencia; planteándose la duda el mencionado autor, sobre el aspecto si los problemas políticos son susceptibles de judicializarce, de reconducirse a soluciones jurídicas con parámetros preestablecidos, como lo es propio de todo litigio procesal. De igual forma, se plantea el profesor García de Enterría, la interrogante acerca de donde extrae el Tribunal Constitucional sus criterios de decisión, supuesto que él interviene justamente en el momento en que se comprueba una insuficiencia del texto constitucional; esto es, un poder de enmendar o revisar la Constitución o al menos de suplementarla, de construir preceptos constitucionales nuevos, que ni pudieron estar siquiera en la intención del constituyente.

En base a las consideraciones anteriormente expuestas, se debe concluir que la decisión No. 2 del 9 de enero de 2013, dictada por la Sala Constitucional del Tribunal Supremo de Justicia y que interpreta el art. 231 constitucional, es una decisión con un fundamento político, que por lo tanto seguirá siendo objeto de muchos comentarios, tomando en cuenta que sus críticos consideran que la misma desconoció el contenido de la Carta Fundamental.

Capítulo VIII

Del Amparo Constitucional

Temas del Capítulo:

Capítulo VIII

Del Amparo Constitucional

Base Constitucional y Legal

Dispone el art. 27 de la CRBV lo siguiente:

> *Art. 27. CRBV: Toda persona tiene derecho a ser amparada por los tribunales en el goce y ejercicio de los derechos y garantías constitucionales, aun de aquellos inherentes a la persona que no figuren expresamente en la Constitución o en los instrumentos internacionales sobre derechos humanos.*

La Ley Orgánica de Amparo sobre Derechos y Garantías Constitucionales en su artículo 2° dispone lo siguiente:

> *Art. 2. LOADGC: La acción de amparo procede contra cualquier hecho, acto u omisión proveniente de los órganos del Poder Público Nacional, Estadal o Municipal. También procede contra el hecho, acto u omisión originados por ciudadanos, personas jurídicas, grupos u organizaciones privadas, que hayan violado, violen o amenacen violar cualquiera de las garantías o derechos amparados por esta Ley.*

Naturaleza Jurídica

El amparo constituye un mecanismo para proteger la situación jurídica desde la perspectiva del goce y ejercicio de los derechos fundamentales, que el acuerdo social ha incorporado a la Constitución para garantizar el orden político y la paz ciudadana.

La acción de amparo tiene naturaleza meramente restablecedora o restitutoria, y por lo tanto a través de la misma no se pueden crear situaciones jurídicas distintas a las denunciadas como vulneradas. Esta restitución debe ser en forma plena o idéntica en esencia a lo que fuera lesionado, y en caso de que ello no sea posible, el restablecimiento de la situación que más se asemeje a ella.

Derechos Fundamentales

Teniendo en cuenta que el amparo constitucional es un medio de protección de los derechos fundamentales, la Sala Constitucional ha clasificado los mismos, según su objeto, de la siguiente forma:

a) <u>Personalísimos</u>: derechos a la vida, a la integridad física y moral, libertad ideológica y religiosa, derecho al honor y propia imagen y al de objeción de conciencia;

b) <u>Sociedad, comunicación y participación</u>: igualdad y no discriminación, libertad de cultos, inviolabilidad del domicilio, secreto de las comunicaciones, libertad de residencia y de circulación, libertad de expresión y de información, derecho a la creación literaria, científica, artística y técnica, libertad de cátedra, derecho de reunión y manifestación y derecho de asociación;

c) <u>Políticos</u>: libertad de intervenir en asuntos públicos y acceder en condiciones de igualdad a las funciones y cargos públicos;

d) <u>De seguridad jurídica</u>: derecho a la libertad y a la seguridad, las garantías en caso de detención, asistencia de abogado;

e) <u>Derechos económicos, sociales y culturales</u>: propiedad, trabajo, salud, educación, vivienda, cultura;

f) <u>Procesales</u>: acceso a la justicia, debido proceso, derecho a la ejecución de la sentencia.

Legitimación

La Sala Constitucional —Sentencia No. 1.234 del 13-07-01— ha señalado que la legitimación del accionante en amparo nace del hecho de que su situación jurídica se haya visto amenazada o menoscabada por una infracción de naturaleza constitucional, la cual puede ser directamente contra sus derechos o garantías constitucionales, o indirectamente cuando afecta los derechos constitucionales de otro, pero cuya infracción incide directamente sobre su situación jurídica; asimismo ha señalado que la legitimación es producto de una afectación real a los derechos fundamentales y no por la existencia de un simple interés. La misma Sala —Sentencia No. 1.358 del 22-10-12— estableció con carácter vinculante, que la legitimación activa en la acción de amparo constitucional la tiene exclusivamente la persona agraviada directa y personalmente por la violación de sus derechos constitucionales, salvo que exista una conexidad entre el accionante y un tercero, lo cual daría lugar a la llamada acción de amparo refleja.

La legitimación pasiva la tendrá aquel sujeto que se señale como agraviante en la acción de amparo. En los casos de amparo contra la Administración Pública, el órgano administrativo es el sujeto pasivo de la acción, y recae en quien ejerce el cargo para el momento en que se intenta la acción.

En los procedimientos de amparo, por su naturaleza y en virtud de los principios procesales que los informan, no cabe la intervención por vía de tercería —ordinales 1° y 2° del art. 370 del CPC—, así como, tampoco se permite la intervención de terceros en forma forzada —ordinales 4° y 5° *eiusdem*—; y sólo es posible la intervención voluntaria o adhesiva, la cual puede ser simple o *litis consorcial*.

Competencia

La Sala Constitucional del Tribunal Supremo de Justicia —Sentencia No. 01/20/1/00— estableció que la competencia para conocer de esta acción se distribuye así:

Corresponde a la Sala Constitucional el conocimiento directo, en única instancia de las acciones de amparo a que se refiere el art. 8 de la LOADYGC, incoadas contra el Presidente de la República, los Ministros, Fiscal General de la República, Procurador General de la República o Contralor General de la República; así como contra los funcionarios que actúen por delegación de las atribuciones de los anteriores. Igualmente le corresponde la competencia para conocer de las acciones de amparo que se intenten contra las decisiones de última instancia emanadas de los Tribunales o Juzgados Superiores, las Cortes de lo Contencioso Administrativo y las Cortes de Apelaciones en lo Penal que infrinjan directa o inmediatamente normas constitucionales. Asimismo corresponde a la Sala Constitucional conocer de las apelaciones sobre las sentencias de los mencionados tribunales cuando ellos hayan decidido la acción de amparo en primera instancia.

Corresponde a los Tribunales de Primera Instancia en la materia relacionada o afín con el amparo, el conocimiento de las acciones que se interpongan, siendo los Tribunales Superiores de tales Tribunales quienes conocerán de las apelaciones de las respectivas sentencias.

En materia penal, cuando la acción de amparo tenga por objeto la libertad y seguridad personales, será conocida por el Juez de Control y a tenor de lo dispuesto en el artículo 60 del Código Orgánico Procesal Penal, mientras que los Tribunales de Juicio Unipersonales serán competentes para conocer los otros amparos de acuerdo a la naturaleza del derecho o garantía constitucional violado o amenazado de violación que sea afín con su competencia natural.

Tipos de Amparo

Tomando en consideración el contenido de la ley, se observan varios tipos de amparo, a saber:

a. Amparo Autónomo: El art. 27 de la CRBV otorga a las personas naturales o jurídicas, habitantes o domiciliados en Venezuela, la posibilidad de acudir ante los Tribunales que ella señala, con el propósito de ser amparadas en el goce y ejercicio de los derechos y garantías fundamentales, mediante el restablecimiento inmediato de la situación jurídica infringida o la situación que más se asemeje a ella.

b. Amparo Normativo: Está previsto en el art. 3 de la LOADYGC y el mismo procede contra el acto de aplicación de una norma y no contra ella en sí misma, toda vez que no le es posible la incidencia en la esfera jurídica de los sujetos de derecho por su carácter general y abstracto, sino que requiere de un acto de aplicación que produzca el vínculo entre el precepto (general y abstracto) y la situación jurídica concreta de algún sujeto de derecho. Según la jurisprudencia, este amparo no está dirigido contra el propio texto legal, a menos que se trate de una norma autoaplicativa cuya eficacia no está supeditada a la aplicación de un acto posterior, pues su sola entrada en vigencia puede suponer una violación de derechos constitucionales; las normas autoaplicativas son aquellas que generan una incidencia directa sobre la esfera subjetiva de los individuos, así como aquellas otras que determinan que dichas incidencia se producirá como consecuencia de su aplicación obligatoria e incondicionada.

c. Amparo contra sentencia: Está previsto en el art. 4 de la LOADYGC y para que proceda deben concurrir las siguientes circunstancias:

   – Que el juez que dictó la decisión presuntamente lesiva haya incurrido en una grave usurpación de funciones o abuso de poder —incompetencia sustancial—; esto entendido en sentido procesal estricto se presenta por el uso indebido por parte del juez de las facultades que le estén atribuidas y para fines totalmente distintos al que se le confirió, o cuando actúe haciendo uso indebido de ese poder, independientemente del fin logrado, y dicte una resolución o sentencia y ordene un acto que lesione un derecho constitucional.

- Que el proceder del juez ocasione la violación de un derecho constitucional (acto inconstitucional).

- Que se hayan agotado todos los mecanismos procesales existentes, o que los mismos resulten no idóneos para restituir o salvaguardar el derecho lesionado o amenazado.

- La Sala Constitucional —Sentencia No. 1.086 del 23-07-12 — considera que el amparo contra sentencia no es un medio idóneo para plantear nuevamente ante un Tribunal el asunto que ya fue resuelto por otro mediante sentencia firme, ya que no actúa el juez de amparo como una tercera instancia, sino como un tribunal de la constitucionalidad del fallo judicial. En esa misma decisión, la Sala señala que la acción de amparo procede cuando se produce de alguna forma un menoscabo del goce y ejercicio de los derechos y garantías constitucionales, lo cual puede provenir del desconocimiento, de la errónea aplicación o de la falsa interpretación de la ley por parte del sentenciador, que atente contra un derecho o garantía constitucional.

d. Amparo Cautelar: Está previsto en el art. 5 de la LOADYGC y el mismo es una pretensión accesoria del recurso contencioso administrativo de anulación, el cual se asume en idénticos términos que una medida cautelar. En este tipo de amparo, debe el juez velar porque su decisión se fundamente no sólo en un simple alegato de perjuicio, sino en la argumentación y la acreditación de hechos concretos de los cuales nazca la convicción de un verdadero perjuicio de los derechos constitucionales del accionante.

e. Amparo Sobrevenido: Se trata de una peculiar forma o tipo de amparo que ha sido desarrollado por la doctrina y jurisprudencia en virtud que la Ley Orgánica de Amparo sobre Derechos y Garantías Constitucionales no lo consagra en forma específica. Según la doctrina, el mismo surge en el curso de un juicio pendiente, cuando con posterioridad al inicio del mismo surgen actos, hechos u omisiones con ocasión del proceso que se ventila y que violan, o amenazan violar derechos y garantías fundamentales de las partes. Según los autores Luis A. Ortiz Alvarez y Giancarlos Henríquez Maionica[1], este amparo posee carácter cautelar por cuanto está dirigido a evitar la materialización o continuidad de los efectos lesivos en la situación concreta de la parte en un juicio, mientras se decide sobre el fondo del asunto que dio lugar al

---

[1] Ortiz –Álvarez Luis y Henríquez Maionica Giancarlos, *Las Grandes Decisiones de la Jurisprudencia de Amparo Constitucional.*

proceso, lo cual lo diferencia de los efectos restitutorios plenos que ha de producir el amparo autónomo.

La Sala Constitucional —Sentencia No. 1.346 del 27/7/2007— ha establecido que las características para la procedencia de este amparo son:

- Que se trate de violación o amenazas de violaciones de derechos y garantías constitucionales, producidas durante la tramitación del proceso;

- Que no exista una vía ordinaria para atacar eficazmente en el transcurso del proceso, el nuevo acto, hecho u omisión lesivo de los derechos fundamentales y;

- Que el presunto agraviante sean las partes, terceros o algún órgano auxiliar de justicia.

f. Fraude Procesal: Este tipo de acción se debe ejercer mediante una demanda a ser sustanciada por los trámites del juicio ordinario, ya que el restablecimiento inmediato de la situación jurídica infringida, es en principio imposible, porque el fraude se encuentra oculto tras las formas prefabricadas que tendrán que ser desmontadas; sin embargo, la Sala Constitucional (Sentencia Nº 1.242 del 28/7/08) ha venido señalado que en casos excepcionales se puede declarar la existencia del fraude a través de la interposición de un amparo constitucional, pero ello procede sólo cuando el mismo se evidencia claramente de los autos.

Procedimiento del Amparo Autónomo

La sentencia No. 1 del 1/2/2000 de la Sala Constitucional del Tribunal Supremo de Justicia (caso José Amado Mejía), interpretando el contenido de los art. 27 y 49 de la CRBV en relación con el procedimiento de amparo previsto en la Ley Orgánica de Amparo sobre Derechos y Garantías Constitucionales, estableció que este tipo de amparo se iniciará por escrito o en forma oral, debiendo el accionante expresar lo indicado en el artículo 18 de la mencionada ley y además deberá indicar las pruebas que desea promover y producir todos los instrumentos escritos, audiovisuales o gráficos con que se cuente para el momento de incoar la acción. La misma Sala —Sentencia No. 523 del 9/4/2001—, por interpretación progresiva del art. 16 de la LOADGC, consi dera que es posible la interposición del amparo vía *internet* o por cualquier vía de transmisión electrónica de comunicación, limitándola a los casos de urgencia y a su ratificación dentro de los tres (3) días siguientes a su recepción.

El accionante en amparo debe invocar que se trata de una vulneración constitucional flagrante, grosera, directa e inmediata, lo cual significa que el derecho o garantía de que se trate no estén desarrollados o regulados en textos normativos de rango inferior, pero sin que sea necesario al juzgador acudir o fundamentarse en ellos para determinar si la violación constitucional al derecho o garantía se ha efectivamente consumado.

En lo que respecta al hecho que se denuncie como lesivo, es necesario indicar que la violación de los derechos y garantías es una consecuencia directa, inmediata y posible del acto, hecho u omisión objeto de la acción, además de realizada o realizable por el imputado; considerando la jurisprudencia que se trata de aspectos concurrentes. En cuanto se refiere al amparo basado en la amenaza por parte del presunto agraviante, se requiere que la amenaza sea inminente, es decir, que implique un fundado temor de que se cause un mal pronto a ocurrir, por lo que el mismo debe existir o al menos, estar pronto a materializarse.

En relación con la vías de hecho a que se refiere el art. 5 de la LOADGC y que deben describirse en la solicitud de amparo, la jurisprudencia del Máximo Tribunal —Sentencia No. 196 de la Sala Electoral del 19/12/06— citando al autor García De Enterría distingue dos modalidades de la configuración de la vía de hecho: la primera, ocurre cuando la Administración ha usado un poder del que legalmente carece, y la segunda, cuando haya hecho y realizado el acto sin observar los procedimientos legalmente establecidos por la norma que le atribuye ese poder.

En cuanto a la representación que se debe acreditar con la solicitud de amparo constitucional, la Sala Constitucional ha venido señalando —Sentencia No. 304 del 6/3/08— que el *ius postulandi* o derecho de hacer peticiones en juicio, deberá ser ejercido por un abogado que detente el derecho de representación, en virtud de un mandato o poder auténtico y suficiente, y por tanto que lo faculte para intervenir en el proceso de amparo; habiendo señalado la Sala que la presentación del poder conjuntamente con el escrito de interposición de la acción es fundamental para acreditar la representación judicial que en él se asume y para la verificación del cumplimiento de los requisitos de admisibilidad establecidos en la ley. De no consignarse las copias del poder, deben señalarse los datos del otorgamiento del mismo, a los efectos de ser consignado antes de la oportunidad de la admisión de la acción.

El escrito de amparo puede contener la solicitud de decreto de medidas cautelares, habiendo señalado la Sala Constitucional —Sentencia No. 953 del 16/6/08— que al peticionario de la medida no se le pueden exigir los requisitos clásicos de las medidas innominadas: *fumus boni iuris,* con medios de prueba que lo verifiquen; ni la prueba de un *periculum in mora*. El juez de amparo, para decretar una medida preventiva, utilizará su saber ponderando con lo que exista en autos la realidad de lesión y la magnitud del daño; utilizará las reglas de la lógica y las máximas de experiencia, permitiéndosele valorar los recaudos con la mayor flexibilidad dadas las circunstancias urgentes del caso.

Los Tribunales que conozcan de la solicitud de amparo, admitirán o no el amparo, ordenarán que se amplíen los hechos y las pruebas, o se corrijan los defectos u omisiones de la solicitud para lo cual se señalará un lapso preclusivo. Las causales de inadmisibilidad de la acción de amparo, están previstas en el art. 6 de la LOADGC, y las mismas están relacionadas con el cese de la violación o amenaza al derecho o garantía constitucional; cuando la amenaza no sea inmediata, posible y realizable por el imputado; cuando la violación del derecho o garantía constituya una situación irreparable; cuando la acción haya sido consentida u opere el lapso de caducidad de seis (6) meses para su ejercicio; la preexistencia en el ejercicio de otros medios judiciales; cuando esté pendiente de resolución una acción de amparo ejercida en base a los mismos hechos.

Se podrá declarar la improcedencia del amparo *in limine litis* en aquellos casos en los cuales el juez considere que resulte innecesario abrir el contradictorio al constatar que la acción es manifiestamente improcedente.

Admitida la acción, se ordenará la citación del presunto agraviante y la notificación del Ministerio Público, para que concurran al tribunal a conocer el día y hora en que se celebrará la audiencia oral y pública, la cual tendrá lugar, tanto en su fijación como en su práctica, dentro de las noventa y seis (96) horas a partir de la última notificación efectuada. Las notificaciones podrán ser practicadas mediante boleta, comunicación telefónica, fax, telegrama, correo electrónico, o cualquier medio de comunicación interpersonal, bien por el órgano jurisdiccional o bien por intermedio del Alguacil del mismo, indicándose en la notificación la fecha de la comparecencia del presunto agraviante y dejando el Secretario del Tribunal constancia en autos de la citación o notificación y de sus consecuencias.

En la oportunidad de la Audiencia Oral y Pública, se indicarán los trámites para su desarrollo y para la evacuación de las pruebas. La falta de comparecencia del presunto agraviante se entenderá como aceptación de los hechos incriminados. La falta de comparecencia del presunto agraviado dará por terminado el procedimiento, a menos que el Tribunal considere que los hechos alegados afectan el orden público, caso en que podrá inquirir sobre los hechos alegados y tomar de oficio las providencias que creyere necesarias. En esta audiencia, las partes propondrán oralmente sus alegatos y defensas y el Tribunal decidirá si hay lugar a pruebas; admitiéndose las que resulten legales y pertinentes, y ordenará su evacuación en la misma audiencia, con inmediación del órgano, o podrá diferir tal evacuación para el día inmediatamente posterior. El Juez Constitucional siempre podrá interrogar a las partes y a los comparecientes. En relación con la inmediación la Sala Constitucional —Sentencia No. 1.571 del 22/08/01— ha señalado que la misma puede tener varias manifestaciones o grados:

a) Que, el juez presencie personalmente los actos de recepción de pruebas e intervenga, no sólo dirigiéndoles, sino realizando actividades probatorios atinentes al medio (interrogatorios, etc).

b) Que, el juez no presencie personalmente *in situ* la evacuación de la prueba, pero si la dirige de una manera mediata, utilizando técnicas y aparatos de control remoto, que le permiten aprehender personalmente los hechos mediante pantallas, sensores, monitores o aparatos semejantes (video-conferencias, por ejemplo), coetáneamente con su existencia. No atentarían contra la inmediación, las inspecciones judiciales o experimentos que realiza el juez sobre un lugar, utilizando aparatos de video o similares que transmitan o retransmitan imágenes y sonidos, desde el sitio de los acontecimientos al local del tribunal. Tampoco atentará contra dicho principio, el que pueda recibir en la Sala de Audiencias informaciones directas transmitidas por aparatos allí presentes, facilitados por las partes o por el sistema de justicia.

c) Que al juez o ambas partes, quienes así han controlado en igualdad de circunstancias la práctica de la prueba, presenten en la audiencia pública reproducciones de sonidos e imágenes, a fin de que el sentenciador aprehenda los hechos mediante estas reproducciones.

Una vez concluido el debate oral y la etapa probatoria del procedimiento, se podrá:

a) Decidir inmediatamente, en cuyo caso el tribunal expondrá en forma oral los términos del dispositivo del fallo; el cual deberá ser publicado íntegramente dentro de los cinco (5) días siguientes a la audiencia.

b) Diferir la audiencia por un lapso no mayor de cuarenta y ocho horas, por estimar que es necesaria la presentación o evacuación de alguna prueba que sea fundamental para decidir el caso, o a petición de alguna de las partes o del Ministerio Público.

Los aspectos esenciales de la audiencia se recogerán en un acta, debiendo igualmente grabarse o registrarse la audiencia celebrada a los efectos de la apelación que pueda presentarse en el proceso y su conocimiento por el juez de alzada.

De declararse procedente la acción de amparo, se acordará el restablecimiento de la situación jurídica infringida y en caso de violación de un derecho constitucional, por acto o conducta omisiva, o por falta de cumplimiento de la autoridad respectiva, la sentencia ordenará la ejecución inmediata e incondicional del acto. El art. 31 de la LOADGC prevé una pena de seis (6) a quince meses de prisión por el incumplimiento del mandato de amparo. La decisión impondrá las costas al vencido cuando se trate de quejas entre particulares, pudiendo exonerarlas al accionante cuando desestimada la solicitud se considere que su interposición no ha sido temeraria; de acuerdo al criterio de la Sala Constitucional —Sentencia No. 2.192 del 6/12/06—, la temeridad conlleva a una actuación desleal y falta de probidad en el proceso, exponiendo los hechos al margen de la verdad e interponiendo defensas manifiestamente infundadas.

Contra la decisión dictada en primera instancia, podrá apelarse dentro de los tres (3) días siguientes a la publicación del fallo, la cual se oirá en un solo efecto, a menos que se trate del fallo dictado en un proceso, que por excepción, tenga una sola instancia. El Tribunal que conozca de la apelación decidirá en un lapso no mayor de treinta (30) días. La consulta prevista en el art. 35 de la LOADGC fue derogada por la Disposición Derogatoria Única de la CRBV y así lo consideró la Sala Constitucional en Sentencia No. 1.301 del 22 de junio de 2005.

Procedimiento del amparo contra sentencia

La sentencia No. 1 del 1/2/2000 de la Sala Constitucional del Tribunal Supremo de Justicia (caso José Amado Mejía) dispuso que cuando el amparo sea contra sentencia, una vez interpuesta la acción y admitida la misma, se procederá a notificar por escrito al juez o encargado del Tribunal, así como a las partes en su domicilio procesal, indicando la oportunidad en que habrá de realizarse la audiencia oral.

Para el ejercicio de la acción es necesario acompañar copia certificada del fallo, o copia simple del mismo a tenor de lo previsto en el art. 429 del CPC, no obstante en la audiencia oral deberá presentarse la copia auténtica de la sentencia.

Las partes en el juicio donde se dictó el fallo impugnado podrán hacerse presentes, sin necesidad de probar su interés. En el caso de terceros coadyuvantes, éstos deberán demostrar su interés legítimo y directo para poder intervenir en el proceso, lo cual deberán acreditar antes de la audiencia pública. La falta de comparecencia del juez que dictó el fallo impugnado o de quien esté encargado del tribunal a la audiencia pública, no significará aceptación de los hechos.

De acuerdo a la doctrina reiterada de la Sala Constitucional —Sentencia No. 358 del 24/2/2006—, el juez de amparo no puede revisar la aplicación o interpretación del derecho ordinario, por parte de la administración o de los órganos judiciales, a menos que de ella se derive una infracción directa de la Constitución. De igual forma, debe tomar en cuenta el juzgador que la valoración de las pruebas forma parte de la autonomía e independencia de que gozan los jueces al decidir, por lo tanto no puede inmiscuirse dentro de esa autonomía en el estudio y resolución de la causa.

Amparo Constitucional

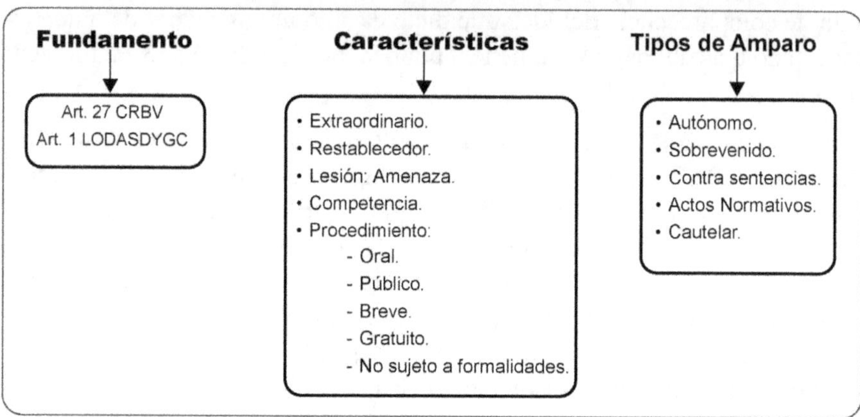

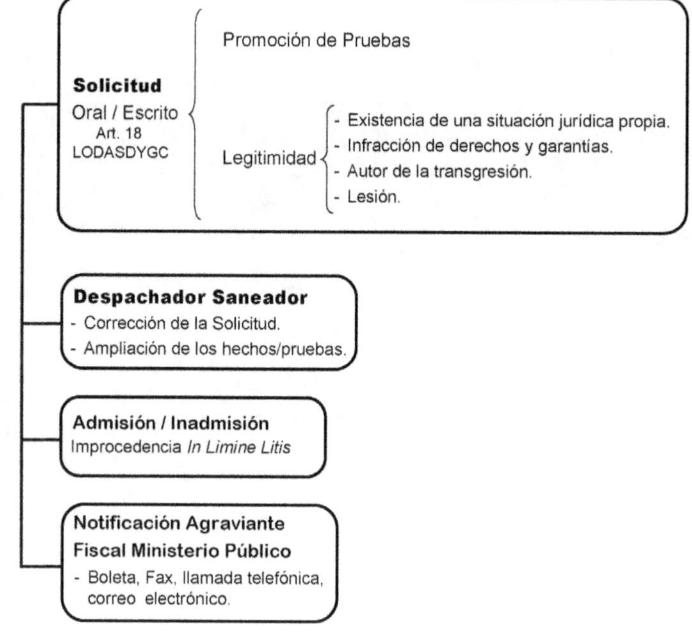

Amparo Constitucional

Capítulo IX

De la Revisión Constitucional

Temas del Capítulo

Capítulo IX

De la Revisión Constitucional

Base Constitucional y Legal

Dispone el art. 336.10 de la CRBV que es atribución de la Sala Constitucional del Tribunal Supremo de Justicia: *"...Revisar las sentencias de amparo constitucional y de control de constitucionalidad de leyes o normas jurídicas dictadas por los Tribunales de la República, en los términos establecidos por la ley orgánica respectiva".*

La LOTSJ en su art. 25.10 dispone que es competencia de la Sala Constitucional *"...Revisar las sentencias definitivamente firmes que sean dictadas por los Tribunales de la República cuando hayan desconocido algún precedente dictado por la Sala Constitucional; efectuado una indebida aplicación de una norma o principio constitucional; o producido un error grave en su interpretación; o por falta de algún principio o normas constitucionales".*

El art. 25.11 de la misma ley orgánica establece como competencia de la misma Sala *"...Revisar las sentencias dictadas por las otras Salas que se subsuman en los supuestos que señala el numeral anterior, así como la violación de principios jurídicos fundamentales que estén contenidos en la Constitución de la República, tratados, pactos o convenios internacionales suscritos y ratificados válidamente por la República o cuando incurran en violación de derechos constitucionales".*

Naturaleza Jurídica

Según la Sala Constitucional —Sentencia No. 44 del 2/3/00— se trata de una revisión extraordinaria creada con la finalidad de uniformar criterios constitucionales y para evitar decisiones que lesionen los derechos y garantías que consagra la Carta Fundamental.

El art. 336 de la CRBV no crea una tercera instancia en los procesos de amparo constitucional o de control de la constitucionalidad de leyes o normas jurídicas; lo que incorpora tal dispositivo es una potestad estrictamente excepcional, extraordinaria y discrecional para la Sala Constitucional. En razón de ello, la Sala al momento de ejecutar la potestad de revisión de sentencias firmes, está obligada, de acuerdo a una interpretación uniforme de la Constitución, y en consideración a la garantía de la cosa juzgada, a ser excesivamente prudente en cuanto a la admisión y procedencia de los recursos que pretendan la revisión de las sentencias que han adquirido dicho carácter de cosa juzgada judicial.

Según la Sala Constitucional, el hecho de que el Tribunal Supremo de Justicia o los demás Tribunales de la República cometan errores graves y grotescos en cuanto a la interpretación de la Constitución o no acojan las interpretaciones ya establecidas, implica además de una violación e irrespeto a la Carta Fundamental, una distorsión a la certeza jurídica y, por lo tanto, un quebrantamiento del Estado de Derecho.

De la Cosa Juzgada

La Constitución de la República en su art. 49.7 consagra la garantía de la cosa juzgada y en tal sentido la Sala Constitucional —Sentencia No. 93 del 06/02/01— ha definido sus límites en lo que respecta al recurso de revisión, señalando que sólo excepcionalmente y por causas específicamente establecidas en la ley o en la propia Constitución, o debido a la existencia de un fraude procesal, es posible examinar las sentencias que hayan adquirido fuerza de cosa juzgada.

Señala la Sala que es restringida su potestad discrecional y extraordinaria en garantía de la cosa juzgada judicial, y por ello determina el tipo de sentencia que puede ser objeto de la revisión; en tal sentido considera (Sentencia No. 1.204 del 26/11/2010) que la eficacia de la autoridad de la cosa juzgada se traduce en tres aspectos:

a. **Inimpugnabilidad**, según la cual la sentencia con autoridad de cosa juzgada no puede ser revisada por ningún juez cuando ya se han agotado todos los recursos y demás medios de impugnación que confiera la ley (*non bis in eadem*);

b. **Inmutabilidad,** según la cual la decisión no es atacable indirectamente, por cuanto no es posible la apertura de un nuevo proceso sobre el mismo tema; y

c. **Coercibilidad,** que consiste en la eventualidad de ejecución forzada en los casos de actos decisorios de condena.

La Sala Constitucional —Sentencia No. 1.204 del 26/11/2010— ha establecido que los actos de juzgamiento emanados de ella están excluidos de la potestad de revisión a tenor del principio de cosa juzgada formal que postula la inimpugnabilidad de los mismos, en el sentido de que la relación jurídica generadora del acto jurisdiccional no es atacable ante el propio sentenciador, pues sólo lo sería si contra la sentencia en cuestión hubiese algún medio de impugnación ante un Tribunal Superior.

Sentencias revisables

Sólo de manera extraordinaria, excepcional, restringida y discrecional, la Sala Constitucional posee la potestad de revisar las siguientes decisiones:

1. Las sentencias definitivamente firmes de amparo constitucional de cualquier carácter, dictadas por las demás Salas del Tribunal Supremo de Justicia y por cualquier juzgado o tribunal del país.

2. Las sentencias definitivamente firmes de control expreso de constitucionalidad de leyes o normas jurídicas dictadas por los Tribunales de la República o por las demás Salas del Tribunal Supremo de Justicia.

3. Las sentencias definitivamente firmes que hayan sido dictadas por las demás del Tribunal Supremo de Justicia o por los demás tribunales o juzgados del país, apartándose u obviando expresa o tácitamente alguna interpretación de la Constitución contenida en alguna sentencia dictada por la Sala Constitucional con anterioridad al fallo impugnado, realizando un errado control de constitucionalidad al aplicar indebidamente la norma constitucional.

4. Las sentencias definitivamente firmes que hayan sido dictadas por las demás Salas de este Tribunal o por los demás tribunales o juzgados del país y que de manera evidente hayan incurrido, según criterio de la Sala Constitucional, en un error grotesco en cuanto a la interpretación de la Constitución o que sencillamente hayan obviado, por completo, la interpretación de una norma jurídica.

5. La Sala Constitucional —Sentencia No. 864 del 21-06-12— ha venido señalando la posibilidad de revisar sentencias proferidas con anterioridad a la vigencia de la CRBV de 1999, acotando que tal posibilidad es de aplicación restrictiva, y sólo procederá bajo aquellas circunstancias en que la propia Constitución permite la retroactividad de una norma jurídica; esto es, en el supuesto contemplado en el art. 24 constitucional. En tal sentido, la Sala considera que la retroactividad de la revisión queda definitivamen-

te asociada a la nulidad de las decisiones relacionadas con los bienes fundamentales tutelados por el Derecho Penal, acaecidas con anterioridad a la Constitución de 1999, pero cuya irracionalidad o arbitrariedad, puestos en contraste con las normas constitucionales, exija su corrección, aparte además de aquellas decisiones que evidencien de su contenido un error ominoso que afecte el orden público; es decir, que la sentencia a revisar contenga una grave inconsistencia en cuanto a la aplicación e interpretación del orden jurídico constitucional.

Legitimación y Competencia

De conformidad con lo previsto en el art. 89 de la LOTSJ, la Sala Constitucional conocerá del recurso de revisión a petición de parte interesada.

La Sala Constitucional —Sentencias No. 1.790 del 11/11/06 y 3.543 del 17/11/2005— ha establecido que la solicitud de revisión no puede ser realizada por el juez cuya sentencia constituyó un eslabón en el proceso, ya que éste no es parte del mismo, aún en aquellos caso que la decisión cuestionada condene la conducta de tal operador; ya que tal cuestionamiento constituye tan sólo una mención circunstancial del fallo y por tanto el funcionario judicial deberá esperar que sea debidamente imputado en la instancia disciplinaria correspondiente para defenderse de los respectivos cargos.

La Sala Constitucional puede iniciar de oficio la revisión constitucional cuando considere que una sentencia es contraria a una interpretación de algún precepto constitucional previamente establecido o cuando se haya interpretado erróneamente la norma constitucional. Esta revisión incluso puede iniciarse por el conocimiento que la Sala tenga del asunto a través de la notoriedad judicial que pueda presentarse y que derive por ejemplo del contenido de la propia página web del Máximo Tribunal.

Procedimiento

La solicitud de revisión constitucional debe contener el señalamiento de cuál es la omisión, aplicación indebida o error en el que incurre la decisión dictada.

El hecho configurador de la revisión no es el mero perjuicio, sino que además se esté en presencia de un desconocimiento absoluto de algún precedente dictado por la Sala, de la indebida aplicación de una norma constitucional, de un error grotesco en la interpretación del Texto Fundamental, o sencillamente de su falta de aplicación; en tal sentido, se debe indicar que los jueces en su actividad jurisdiccional como garantes primigenios de la Constitución, actuaron en forma indebida

La Sala Constitucional —Sentencia No. 395 del 4/4/2005— considera que la revisión es una potestad que tiene atribuida y por tanto ésta debe verificar que la solicitud encuadre dentro de alguno de los supuestos establecidos por la jurisprudencia para su procedencia, que haya sido presentada con los fundamentos de hecho y de derecho que sostengan que la decisión cuya revisión se pide y atenta presuntamente contra la uniformidad de la interpretación de la Constitución. En esa misma decisión, la Sala considera que la revisión no tiene lapso de caducidad.

La Sala Constitucional —Sentencia No. 3.702 del 19/12/2002— ha establecido que tiene potestad para la revisión del cambio de criterio jurisprudencial de las demás Salas del Tribunal, en tanto y en cuanto dicho cambio vulnere derechos o principios jurídicos fundamentales, bien sea porque carezca de una motivación suficiente y razonable, es decir, aparezca como arbitrario o irreflexivo; o cuando la nueva interpretación de la ley no sea válida para la resolución de una generalidad de casos, sino tan sólo del caso concreto, o cuando se le dé eficacia retroactiva.

A la solicitud de revisión constitucional se debe acompañar copia certificada de la sentencia y presentar poder, so pena de declararse la inadmisibilidad.

La solicitud de revisión constitucional deberá ser ejercida previo agotamiento de la doble instancia.

La Sala Constitucional —Sentencia No. 390 del 29/3/11— ha señalado que las causales de inadmisibilidad contenidas en el art. 133 de la LOTSJ son plenamente aplicables a cualquier tipo de recurso, demanda o solicitud que se intente ante ella; en tal sentido, expresa que el mencionado artículo no es una norma procedimental, sino una disposición que contempla las causales por las cuales la petición no es admisible a trámite.

Para la referida Sala, no basta con establecer los supuestos en que la revisión puede proceder, sino también deben estar cumplidos los requisitos que permitan ordenar la admisión de la revisión en cuanto a las denuncias constitucionales que se presenten; no siendo admisibles aquellas solicitudes que sólo pretenden el establecimiento de una nueva instancia o que simplemente presentan una inconformidad con el fallo que desfavorece al solicitante.

De acuerdo con la doctrina de la Sala Constitucional —Sentencia Nº 864 del 21-06-12— si bien la LOTSJ no hace referencia expresa a la intervención adhesiva de los terceros en los procesos de revisión constitucional; sin embargo, dicha circunstancia no significa que se excluya su participación. La doctrina en cuestión establece que el interviniente adhesivo debe adecuar su posición a la asumida por la parte principal, y no puede actuar en contradicción a la coadyuvada; de tal forma, que no le es dable modificar ni ampliar la pretensión originaria objeto del proceso, más si consignar alegatos propios para apoyarla.

El art. 145 de la LOTSJ dispone que la revisión constitucional prevista en el art. 25 numerales 10 y 11, no requerirá sustanciación; quedando a facultad de la Sala Constitucional requerir información, dictar autos para mejor proveer y fijar la realización de una audiencia si lo estima pertinente.

Sentencia

Dispone el art. 35 de la LOTSJ, que en ocasión del recurso de revisión, la Sala Constitucional determinará los efectos inmediatos de su decisión y podrá reenviar la controversia a otra Sala o Tribunal respectivo, o conocer de la causa, siempre que el motivo que haya generado la revisión constitucional sea de mero derecho y no suponga una nueva actividad probatoria; o podrá dictar una nueva decisión cuando pondere que el reenvío pueda significar una dilación inútil o indebida.

Es factible y así lo ha establecido la Sala Constitucional —Sentencia No. 484 del 14/4/11— que en ocasión de dictar una decisión de revisión constitucional, se ordenen medidas cautelares, lo cual tendría como base el art. 130 de la LOTSJ. Tales medidas cautelares tendrán como finalidad preservar las necesidades de los justiciables, o cuando las circunstancias del caso así lo ameriten.

La Sala Constitucional puede desestimar la revisión, sin motivación alguna, cuando en su criterio, constate que la decisión que ha de revisarse, en nada contribuya a la uniformidad de la interpretación de normas y principios constitucionales, ni constituya una deliberada violación de preceptos de ese mismo rango.

La sentencia de la Sala puede declarar ha lugar o no la solicitud, la inadmisibilidad o la improponibilidad en derecho de la misma.

Capítulo X

Demanda de Protección de Derechos e Intereses Colectivos y Difusos

Temas del Capítulo:

Capítulo X

Demanda de Protección de Derechos e Intereses Colectivos y Difusos

Base Constitucional y Legal

Dispone el art. 26 de la CRBV:

> *Art. 26. CRBV: Toda persona tiene derecho de acceso a los órganos de la administración de justicia para hacer valer sus derechos e intereses, incluso los colectivos o difusos, a la tutela efectiva de los mismos y a obtener con prontitud la decisión correspondiente.*

La LOTSJ en su art. 146 establece:

> *Art. 146. LOTSJ: Toda persona podrá demandar la protección de sus derechos e intereses colectivos y difusos. Salvo lo dispuesto en leyes especiales, cuando los hechos que se describan posean trascendencia nacional su conocimiento corresponderá a la Sala Constitucional; en caso contrario, corresponderá a los tribunales de primera instancia en lo civil de la localidad donde aquellos se hayan generado.*

Concepto

La Sala Constitucional —Sentencia No. 656 del 30/06/2000— estableció que cuando los derechos y garantías constitucionales que garantizan al conglomerado (ciudadanía) en forma general una aceptable calidad de vida (condiciones básicas de existencia), se vean afectados en sus diversos aspectos, y surge en cada miembro de esa comunidad un interés en beneficio de él y de los otros componentes de la sociedad en que tal desmejora no suceda, y en que si ya ocurrió sea reparada; se está en presencia de un interés difuso. La finalidad del derecho o interés difuso, es satisfacer las necesidades sociales o colectivas, antepuestas a las individuales, considerando la Sala que la calidad de la vida es el producto de la satisfacción progresiva y concreta de los derechos y garantías constitucionales para proteger a la sociedad como ente colectivo. También ha señalado la Sala Constitucional —Sentencia No. 85 del 24/1/2002— que el Estado Social de Derecho desarrolla derechos sociales, los cuales son derechos de prestación y que persiguen básicamente actos positivos a cumplirse; considerando entonces, que el cumplimiento de los derechos de prestación pueden ser accionados por derechos e intereses difusos.

Los intereses colectivos son aquellos concretos o focalizados, referidos a un sector poblacional determinado (aunque no cuantificado) e identificable, aunque individualmente, dentro del conjunto de personas exista o pueda existir un vínculo jurídico que los una entre ellos. Los intereses colectivos pueden referirse a un objeto jurídico determinado, pero exigible por personas no individualizables.

Según el criterio de la referida Sala, el mundo del cumplimiento extensivo contractual escapa de la esfera de los intereses difusos y colectivos, a menos que se trate de servicios públicos que se establezcan contractualmente con los usuarios, ya que lo masivo de la prestación del servicio que se considere necesario puede lesionar a la población en general o a un sector de ella, si el servicio atenta contra la calidad de vida.

Naturaleza Jurídica

Las acciones provenientes de derechos e intereses difusos o colectivos, son siempre acciones de condena, o restablecedoras de situaciones, y nunca mero declarativas ni constitutivas.

La Sala Constitucional ha señalado que el control constitucional que ella realiza con motivo de la interposición de acciones que invoquen derechos e intereses colectivos, podría resultar coincidente con otros mecanismos de control correspondientes al juez de la legalidad como sería el contencioso administrativo; sin embargo, considera que debe hacerse una clara distinción. En tal sentido, la Sala estima que el control constitucional obedece a una tutela inminente de derechos fundamentales, donde la extensión de los intereses y valores tutelados excede de la mera supervisión de la actividad administrativa estableciéndose un control de mayor fuerza, por cuanto no solo se pueden anular o impeler conductas de la Administración, sino que también pueden imponerse cualquier modalidad de reparos que abarquen más allá del simple espectro de los poderes del juez administrativo.

Legitimación

La Sala Constitucional —Sentencia No. 656 del 30/6/2000— estableció que cualquier persona procesalmente capaz, que actúe con la intención de impedir daño a la población o a sectores de ella, puede intentar una acción por intereses difusos o colectivos, y si ha sufrido daños personales, podrá pedir sólo para sí (acumulativamente) la indemnización de los mismos. Esta interpretación fundada en el art. 26 constitucional, hace extensible la legitimación activa a las asociaciones, sociedades, fundaciones, cámaras, sindicatos, y demás entes colectivos, cuyo objeto sea la defensa de la sociedad, siempre que obren dentro de los límites de sus objetivos societarios, destinados a su vez a velar por los intereses de sus miembros en cuanto a lo que es el objeto de su integración.

Carecerá de legitimación quien no esté domiciliado en el país, o no pueda ser alcanzado por la lesión.

La misma Sala —Sentencia del 31/8/2000 caso William Ojeda— estableció que la legitimación para actuar por los derechos e intereses difusos, requiere de lo siguiente:

1. Que el que acciona lo haga en base no sólo a su derecho e interés individual, sino en función del derecho o interés común o de incidencia colectiva.

2. Que la razón de la demanda sea la lesión general a la calidad de vida de todos los habitantes del país o de sectores de él, ya que la situación jurídica de todos los componentes de la sociedad o de sus grupos o sectores, ha quedado lesionada al desmejorarse su calidad de vida común.

3. Que los bienes lesionados no sean susceptibles de apropiación exclusiva por un sujeto.

4. Que se trate de un derecho o interés indivisible que corresponda a toda la población del país o a un sector o grupo de ella.

5. Que exista un vínculo, así no sea jurídico, entre quien demanda en interés general de la sociedad o de un sector de ella (interés social común), y la colectividad que pueda resultar afectada.

6. Que exista una necesidad de satisfacer intereses sociales o colectivos antepuestos a los individuales.

7. Que el obligado deba una prestación indeterminada, cuya exigencia sea general.

Competencia

El art. 146 de la LOTSJ establece que el conocimiento de la demanda de protección de derechos e intereses difusos o colectivos, corresponderá cuando los hechos narrados posean trascendencia nacional, a la Sala Constitucional; en caso contrario, corresponderá a los tribunales de primera instancia en lo civil de la localidad donde haya ocurrido.

Procedimiento

La demanda de protección de derechos e intereses colectivos o difusos cuando se trate de hechos que posean trascendencia nacional, se interpondrá ante la Sala Constitucional del Tribunal Supremo de Justicia; en caso que los hechos hayan ocurrido fuera del Área Metropolitana de Caracas, la demanda se interpondrá ante un tribunal civil del domicilio, el cual la recibirá y remitirá a la referida Sala dentro de los tres (3) días de despacho siguientes. En los casos que los hechos en que se basa la demanda no sean de trascendencia nacional, la demanda se interpondrá ante el tribunal de primera instancia en lo civil de la jurisdicción correspondiente.

La demanda deberá llenar los requisitos indicados en el art. 147 de la LOTSJ, debiendo acompañarse los instrumentos fundamentales; es decir, aquellos de los que se derive inmediatamente el derecho deducido. El tribunal que conozca del asunto podrá dictar un Despacho Saneador cuando observe que la demanda no llene los requisitos ordenados por la ley o que sea ininteligible; de no acatarse el despacho dictado, se declarará la inadmisión de la demanda. También se declarará la inadmisión por los motivos previstos en el art. 150 de la referida ley; a saber:

1. Cuando se acumulen demandas o pretensiones que se excluyan mutuamente o cuyos procedimientos sean incompatibles.

2. Cuando sea manifiesta la falta de legitimidad o representación que se atribuya el o la demandante o de quién actúe en su nombre, respectivamente.

3. Cuando haya cosa juzgada o litispendencia.

4. Cuando la pretensión pueda ser satisfecha a través de otras vías o cuando por su naturaleza el conocimiento de la pretensión corresponda al contencioso de los servicios públicos o al contencioso electoral.

5. Cuando contenga conceptos ofensivos o irrespetuosos.

La Sala Constitucional ha considerado que en aquellos casos que se haya accionado por una vía distinta, por ejemplo, una demanda individual de amparo constitucional, y a la cual se adhieran un considerable número de personas quienes aleguen encontrarse en la misma situación jurídica que la solicitante originaria, quedando así evidenciado el carácter colectivo de la demanda; podrá reconducirse la pretensión incoada y proceder a tramitar la misma como una demanda de protección de intereses colectivos.

Admitida la demanda se ordenará la citación de la parte demandada y las notificaciones de la Defensoría del Pueblo, Ministerio Público y cualquier otra autoridad que el tribunal estime pertinente. Igualmente se ordenará el emplazamiento de los interesados por medio de cartel y a fin de que comparezcan a manifestar su intención de intervenir en el proceso. Tanto las notificaciones como el cartel, serán librados una vez citada la parte demandada.

El cartel de emplazamiento será retirado, publicado y consignado en la forma y términos previstos en el art. 157 de la LOTSJ; la falta de cumplimiento de estas formalidades determinará la perención de la instancia. El cartel indicará que los interesados deberán concurrir, dentro de los diez (10) días de despacho siguientes a la consignación; en todo caso, cumplidas las formalidades del cartel, se dejará transcurrir un término de diez (10) días de despacho adicionales para que se tengan por notificados.

Cumplidos el lapso y término señalados, el tribunal, si fuere el caso, se pronunciará sobre la participación de los terceros interesados. La contestación de la demanda podrá presentarse dentro del lapso de diez (10) días de despacho siguientes al referido pronunciamiento; el tribunal debe fijar por auto expreso el inicio de este lapso.

Vencido el lapso para la contestación de la demanda, quedará abierto un lapso de diez (10) días de despacho para promover pruebas, concediéndose un lapso de tres (3) días de despacho para que las partes formulen oposición, y el Tribunal tendrá cinco (5) días de despacho a los fines de admisión de los medios que resulten legales y pertinentes.

En la oportunidad de la admisión de las pruebas, el Tribunal procederá a fijar la oportunidad para la celebración de una Audiencia Pública, la cual tendrá lugar al quinto (5to) día de despacho siguiente. La Audiencia Pública se llevará a cabo mediante la determinación por parte del tribunal de los términos en que quedó trabada la controversia, y ordenará, de ser el caso, que se proceda a la evacuación de las pruebas. Seguidamente las partes procederán a exponer oralmente sus alegatos, concediéndose el derecho de réplica y a contrarréplica, igualmente se oirán las exposiciones de los organismos notificados. El tribunal podrá ordenar la evacuación de las pruebas que considere necesarias para el esclarecimiento de los hechos que aparezcan dudosos u oscuros.

Concluido el debate oral, el tribunal podrá:

1. Decidir inmediatamente el fondo del asunto y exponer en forma oral los términos del dispositivo del fallo.

2. Diferir por una sola vez y hasta por un lapso de cinco (5) días de despacho, el pronunciamiento del dispositivo del fallo, cuando la comple-

jidad del asunto así lo requiera.

3. Dictar la decisión en la oportunidad de publicarse la sentencia, cuando las circunstancias del caso así lo ameriten.

El texto íntegro del fallo deberá ser publicado dentro de los diez (10) días de despacho siguientes a la celebración de la audiencia pública o del vencimiento del diferimiento.

La Sala Constitucional —Sentencia del 30/6/00— ha señalado que, en general, las sentencias que se dicten en los casos que se ventilan derechos cívicos, pueden prohibir una actividad o un proceder específico del demandado, o la destrucción o limitación de bienes nocivos, restableciendo una situación que se había convertido en dañina para la calidad de vida (salud física o psíquica colectiva, preservación del medio ambiente, preservación de la vida, del entorno urbano, del derecho a una recreación sana, o de evitar ser convertido en un consumidor compulsivo), o que sea amenazante para esa misma calidad de vida. El fallo que se dicte puede condenar al demandado a realizar determinadas obligaciones de hacer o no hacer, y hasta indemnizar a la colectividad, o a un grupo de ellos. La sentencia que le ponga fin a estos juicios produce efectos *erga omnes* y cosa juzgada al respecto.

En esta materia puede darse la modalidad de las llamadas *sentencias abiertas* que adopten el mandato judicial a las circunstancias fácticas similares que se plantean y su mutación; obedeciendo siempre al mandato de la protección constitucional, con criterio de igualdad y de celeridad, que por cuya urgencia e intereses debatidos, ameriten un ejercicio juriddiccional mayor, de mayor eficacia garantista.

Contra la decisión que se dicte en primera instancia, se oirá apelación en ambos efectos; recurso que deberá interponerse dentro de los cinco (5) días de despacho siguientes a su publicación, o a su notificación cuando se dicte fuera del lapso.

En segunda instancia, las partes podrán presentar los escritos relacionados con la apelación dentro de los cinco (5) días de despacho siguientes a la recepción del expediente por el Juzgado Superior correspondiente. El Tribunal decidirá dentro de los veinte (20) días de despacho siguientes al vencimiento del lapso anteriormente referido, pudiendo convocar a las partes para una audiencia pública cuando la complejidad del asunto así lo amerite.

En cualquier estado y grado del proceso podrán solicitarse y acordarse, aún de oficio, las medidas cautelares pertinentes; las medidas se dictarán para garantizar la tutela judicial efectiva, teniendo en cuenta las circunstancias del caso y los interés públicos en conflicto. Contra el decreto de las medidas se podrá formular oposición en el lapso de tres (3) días de despacho y de ser ejercida quedará abierta una articulación probatoria de cinco (5) días de despacho; la decisión correspondiente deberá dictarse dentro de los cinco (5) días de despacho siguientes. Todo lo relativo a las medidas cautelares se sustanciará en cuaderno separado.

Demanda de Protección de Derechos e Intereses Colectivos o Difusos

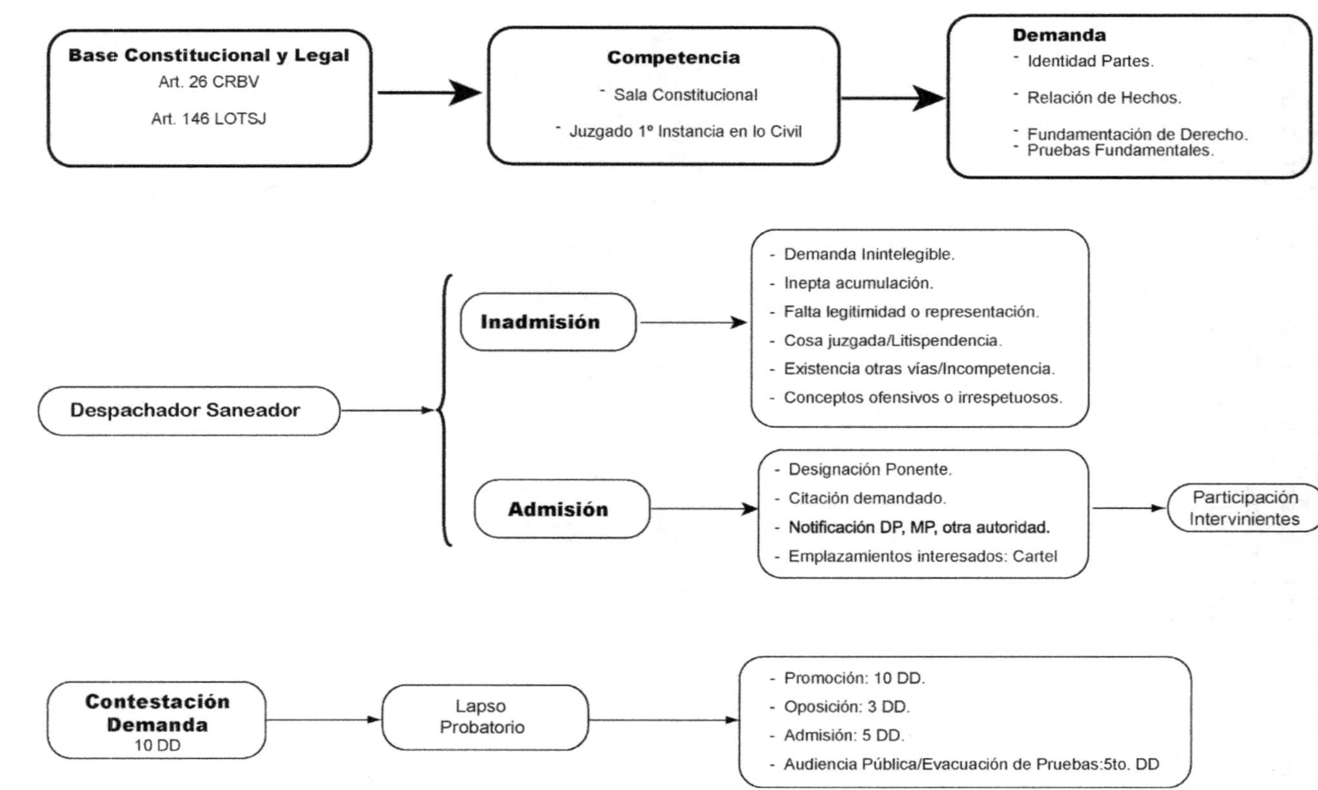

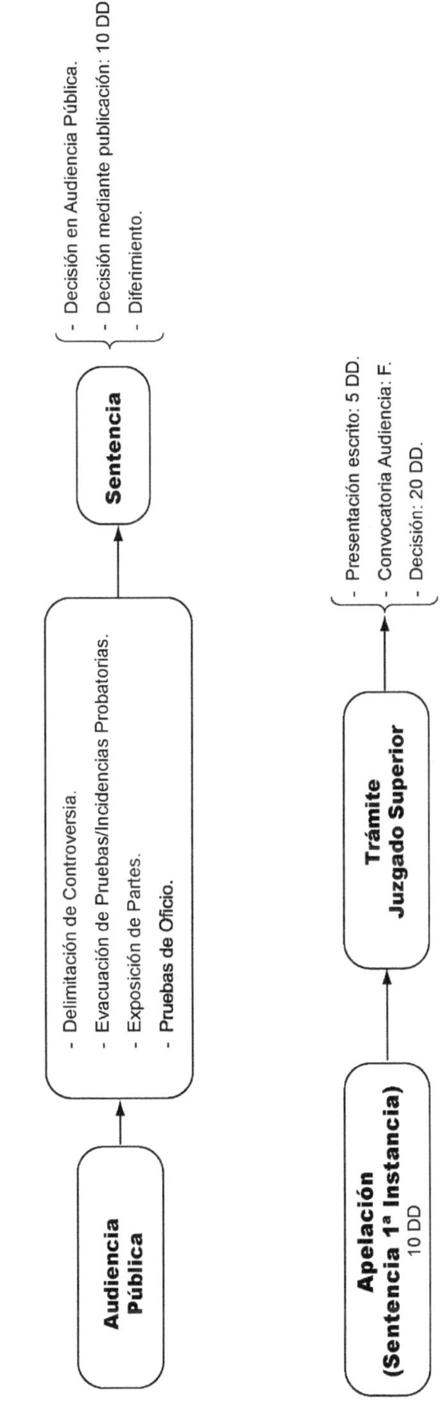
Demanda de Protección de Derechos e Intereses Colectivos o Difusos
Audiencia Pública
- Delimitación de Controversia.
- Evacuación de Pruebas/Incidencias Probatorias.
- Exposición de Partes.
- Pruebas de Oficio.
Sentencia
- Decisión en Audiencia Pública.
- Decisión mediante publicación: 10 DD.
- Diferimiento.
Apelación (Sentencia 1ª Instancia) 10 DD
Trámite Juzgado Superior
- Presentación escrito: 5 DD.
- Convocatoria Audiencia: F.
- Decisión: 20 DD.

Medidas Cautelares
Demanda de Protección de Derechos e Intereses Colectivos o Difusos

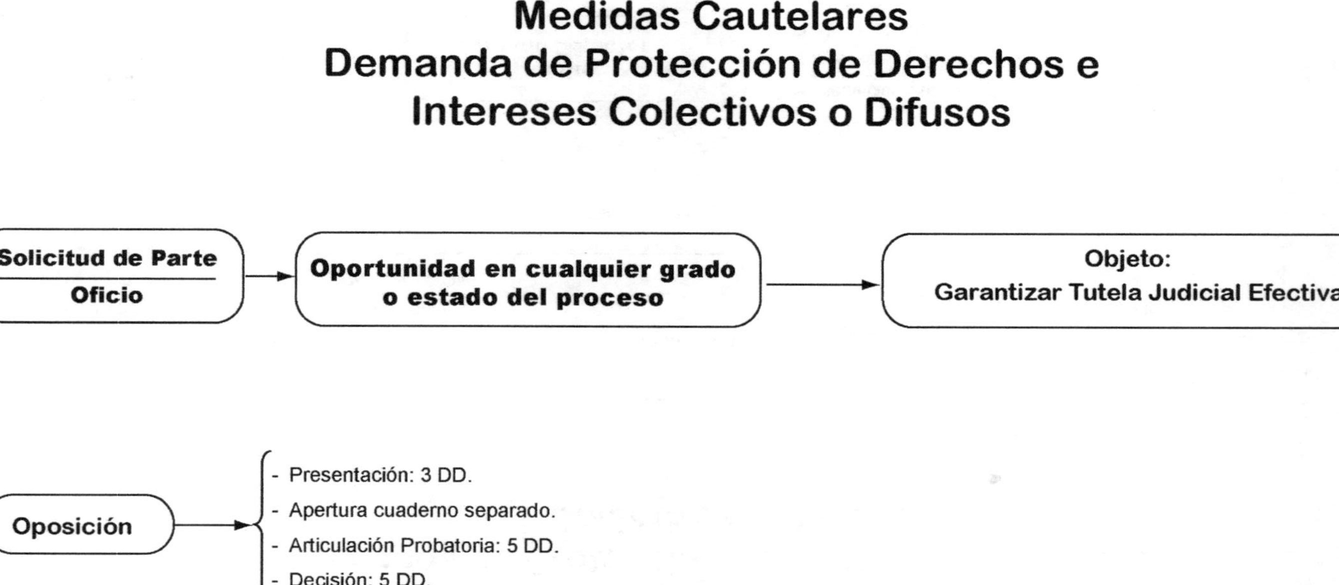

Capítulo XI

Del Hábeas Data

Temas del Capítulo

Capítulo XI

Del Hábeas Data

Base Constitucional

Dispone el art. 28 de la CRBV lo siguiente:

> *Art. 28. CRBV: Toda persona tiene derecho de acceder a la información y a los datos que sobre sí misma o sobre sus bienes consten en registros oficiales o privados, con las excepciones que establezca la ley, así como de conocer el uso que se haga de los mismos y su finalidad, y a solicitar ante el tribunal competente la actualización, la rectificación o la destrucción de aquellos, si fuesen erróneos o afectasen ilegítimamente sus derechos. Igualmente, podrá acceder a documentos de cualquier naturaleza que contengan información cuyo conocimiento sea de interés para comunidades o grupos de personas. Queda a salvo el secreto de las fuentes de información periodística y otras profesiones que determine la ley.*

La LOTSJ dispone en su art. 167, lo siguiente:

> *Art. 167. LOTSJ: Toda persona tiene derecho a conocer los datos que a ella se refieran así como su finalidad, que consten en registros o bancos de datos públicos o privados; y, en su caso, exigir la supresión, rectificación, confidencialidad, inclusión, actualización o el uso correcto de los datos cuando resulten inexactos o agraviantes.*

Naturaleza Jurídica

Según el autor Afonso Da Silva citado en la obra "EL HABEAS DATA EN INDOIBEROAMERICA"[1], se trata de un remedio constitucional, un medio destinado a provocar la actividad jurisdiccional y que, por tal motivo, tiene naturaleza de acción, más específicamente de acción constitucional. Esta acción,

---

[1] Pucinelli, Oscar   El Hábeas Data en Indoiberoamérica.

a su vez, cobija un derecho —el derecho de conocimiento de datos personales y de rectificarlos— que en vez de ser reconocido de forma independiente, está contenido en la garantía que lo ampara.

Por otra parte, el autor Pinto Ferreira también citado en la obra indicada, expresa que el hábeas data es una acción mandamental, especial y sumaria, que tiene por finalidad la tutela de los derechos de ciudadanía frente a los datos de banco, asegurando el conocimiento de informaciones registradas relativas a las personas, y su rectificación cuando no se corresponden con la verdad.

La Sala Constitucional del Tribunal Supremo de Justicia —Sentencia No. 332 del 14/3/01— considera que el art. 28 de la Carta Fundamental otorga a las personas el derecho de recopilar información, pero quien recopila y por tanto registra datos e informaciones sobre las personas y sus bienes, tiene que respetar el derecho de toda persona natural a la protección de su honor, vida privada, intimidad, propia imagen, confidencialidad y reputación que otorga el art. 60 constitucional; y en cuanto a las personas jurídicas, quien recopila debe respetar el derecho de éstas en cuanto a su reputación y confidencialidad. Las recopilaciones no pueden lesionar los valores mencionados, dejándolos sin protección; ni obteniendo en general los datos e informaciones a guardarse, infringiendo otros derechos o garantías constitucionales.

De igual forma, debe considerarse que la acción de hábeas data tiene una naturaleza inquisitiva. En tal sentido se observa, que la referida Sala —Sentencia No. 920 del 15-05-02— señala que en aquellos supuestos en que los particulares se encontrasen involucrados dentro de una situación que perjudicase sus derechos e intereses relacionados con los principios establecidos en el art. 28 constitucional, pueden accionar en pro de la defensa de los mismos, mediante el ejercicio de los siguientes medios procesales:

a. Acción autónoma de amparo constitucional por la vulneración de los derechos constitucionales contemplados en el citado artículo, siempre y cuando el ejercicio de la misma no tenga por finalidad causar efectos que sean más bien de un procedimiento inquisitivo o de pesquisa; y

b. El ejercicio de la acción de hábeas data como un medio que da inicio a un procedimiento inquisitivo y pesquisitorio que permite conocer y acceder a los interesados a determinadas informaciones que versen directamente sobre sus derechos e intereses, por ser éste el mecanismo procesal idóneo para aquellos casos en que se necesite determinar la existencia de ciertas informaciones de las que no se tiene conocimiento cierto, o si su utilización tiene una finalidad lícita o si la misma debe ser modificada, actualizada o destruida.

Legitimación

La facultad para actuar en este tipo de juicio corresponde exclusivamente a la persona que incumbe la información o que resulte afectada por el registro.

Competencia

El art. 169 de la LOTSJ atribuye la competencia para el conocimiento de la presente acción a la jurisdicción contencioso-administrativa, específicamente al Tribunal de Municipio.

Procedimiento

La Sala Constitucional —Sentencia No. 1.637 del 31/10/08— ha señalado que la acción de Hábeas Data no procede contra cualquier tipo de información almacenada en la variedad de archivos y registros con los cuales cuenta el país; desprendiéndose del contenido del art. 28 constitucional que este tipo de acción no procede en relación a expedientes personales de orden laboral que reposan en un archivo, a datos sueltos que alguien tenga sobre otro, anotaciones en diarios o papeles domésticos o comerciales, sino que funciona con sistemas —no solo informáticos— de cualquier clase de información y datos sobre las personas o sus bienes, con fines de utilizarlos en beneficio propio o de otros, y que real o potencialmente pueden serlo en forma perjudicial contra aquellos a que se refiere la recopilación.

El fundamento de la demanda de hábeas data es que la información registrada no respeta el derecho que tiene toda persona natural a la protección de su honor, vida privada, intimidad, propia imagen, confidencialidad y reputación que consagra el art. 60 constitucional. Si se trata de personas jurídicas, será necesaria que la demanda verse sobre el respeto del derecho a la reputación y confidencialidad.

Es de observar, que en materia policial el Cuerpo de Investigaciones Científicas, Penales y Criminalísticas (CICPYC) ha implementado un procedimiento interno para solicitar la exclusión de datos que consten en su sistema computarizado; habiendo considerado la Sala Constitucional —Sentencia No. 1.259 del 26/6/06— que es necesario agotar esa fase extrajudicial antes de intentar la acción de hábeas data.

A los efectos de la interposición de una acción de Hábeas Data, es necesario acreditar que en forma previa se realizó el requerimiento de información, y que tal solicitud no fue contestada o fue respondida en sentido negativo; este requerimiento podrá obviarse cuando medien circunstancias de comprobada urgencia.

La acción de Hábeas Data podrá ser ejercida para la corrección de errores numéricos o materiales; en tales casos se promoverán los medios probatorios que comprueben lo alegado y el tribunal resolverá sumariamente el asunto.

La acción de Hábeas Data —Sentencia Sala Constitucional No. 1.050 del 23/8/2000— tendrá por finalidad el ejercicio de los siguientes derechos:

1. El derecho de conocer sobre la existencia de los registros relacionados con la persona.

2. El derecho de acceso individual a la información, la cual puede ser nominativa, o donde la persona quede vinculada a comunidades o grupos de personas.

3. El derecho de respuesta, lo que permite al individuo controlar la existencia y exactitud de la información recolectada sobre él.

4. El derecho de conocer el uso y finalidad que hace de la información quien la registra.

5. El derecho de actualización a fin de que se corrija lo que resulta inexacto o se transformó por el transcurso del tiempo.

6. El derecho de rectificación del dato falso o incompleto.

7. El derecho de destrucción de los datos erróneos o que afecten ilegítimamente los derechos de las personas.

Dispone el art. 169 de la LOTSJ que la demanda de Hábeas Data deberá presentarse conjuntamente con los instrumentos fundamentales en que se sustente la pretensión. En relación con este requisito la Sala Constitucional —Sentencia No. 1.637 del 31/10/08— ha considerado que la obtención de la información que pudiere servir como documento fundamental, probatorio de los datos o requisitos presuntamente lesivos de derechos, no resulta del todo sencillo, especialmente en lo que respecta a los archivos policiales; en virtud de tal problemática y a los fines de no crear en cabeza del accionante obligaciones que puedan de alguna forma impedir el ejercicio de los derechos constitucionales, podrá el Tribunal solicitar la información correspondiente, y constatada la existencia del registro, y establecida la presunción de objetividad, se pronunciará sobre la admisión de la demanda interpuesta.

En la oportunidad del pronunciamiento sobre la admisión, cuando no exista una expectativa razonable de que la pretensión pueda ser declarada procedente; el Tribunal a favor de la celeridad procesal y de la simplificación de trámites que integran el concepto de tutela judicial efectiva y a lo cual se contraen los arts. 26 y 257 de la CRBV, deberá declarar *in limine litis* la improcedencia de la acción.

Admitida la demanda, el Tribunal ordenará al supuesto agraviante que presente un informe sobre el objeto de la controversia y remita la documentación correspondiente dentro de los cinco (5) días siguientes a su notificación. Las notificaciones podrán ser practicadas mediante boleta, comunicación telefónica, fax, telegrama, correo electrónico o cualquier medio de comunicación interpersonal. La falta de remisión del informe dará lugar a la imposición de multa conforme a lo dispuesto en el Título XI de la Ley Orgánica del Tribunal Supremo de Justicia.

El Tribunal podrá ordenar la evacuación de las pruebas que juzgue necesarias para el esclarecimiento de los hechos. Recibido el informe requerido o evacuadas las pruebas ordenadas, quedará abierto un lapso de tres (3) días para la presentación de observaciones. Concluido el lapso de observaciones, el Tribunal dictará sentencia dentro de los cinco (5) días siguientes; pero cuando la complejidad del caso así lo amerite, se podrá convocar a las partes para la realización de una Audiencia Pública y en la cual las partes expondrán sus alegatos, se concederán los derechos a réplica y contrarréplica, pudiendo el Tribunal ordenar la evacuación de las pruebas que estime pertinentes.

La decisión que declare procedente el Hábeas Data ordenará, según sea el caso, suministrar la información requerida o señalar el uso que se dará los datos y registros; la actualización, corrección o destrucción de datos.

En este juicio se podrán decretar, en cualquier estado y grado del proceso, las medidas cautelares pertinentes y que sean necesarias para garantizar la tutela judicial efectiva.

Contra la decisión que se dicte en primera instancia, se podrá ejercer recurso de apelación dentro de los tres (3) días de despacho siguientes a la publicación o notificación del fallo; este recurso se oirá en un solo efecto. En segunda instancia, las partes podrán presentar escritos de fundamentación u observaciones, dentro del lapso de cinco (5) días de despacho siguientes a la entrada o cuenta que se dé al recurso; la decisión se dictará dentro de los treinta (30) días continuos siguientes.

Hábeas Data

Base Constitucional y Legal
Art 28 CRBV
ART 167 LOTSJ

Objeto
- Conocimiento de datos y finalidad.
- Exigir supresión.
- Rectificación.
- Confidencialidad.
- Inclusión, actualización.
- Uso correcto.

Trámite Administrativo Previo
- Falta de respuesta.
- Respuesta negativa.
- Excepción por urgencia comprobada.

Competencia
Juzgado del Municipio en lo Contencioso Administrativo

Características
Ausencia de incidencias procesales tramitación en todo tiempo

Admisión
-Orden de presentación de informe y remisión de documentos: 5 DD.
-Evacuación de pruebas: F.

Observaciones del Solicitante
3 DD

Audiencia Pública

Sentencia
- Exhibición.
- Supresión.
- Confidencialidad.
- Inclusión.
- Actualización.
- Uso correcto.

Apelación

Un solo efecto
3 DD

Trámite
Juzgado Superior Contencioso Administrativo
- Presentación escrito.
- Decisión 30 DD.

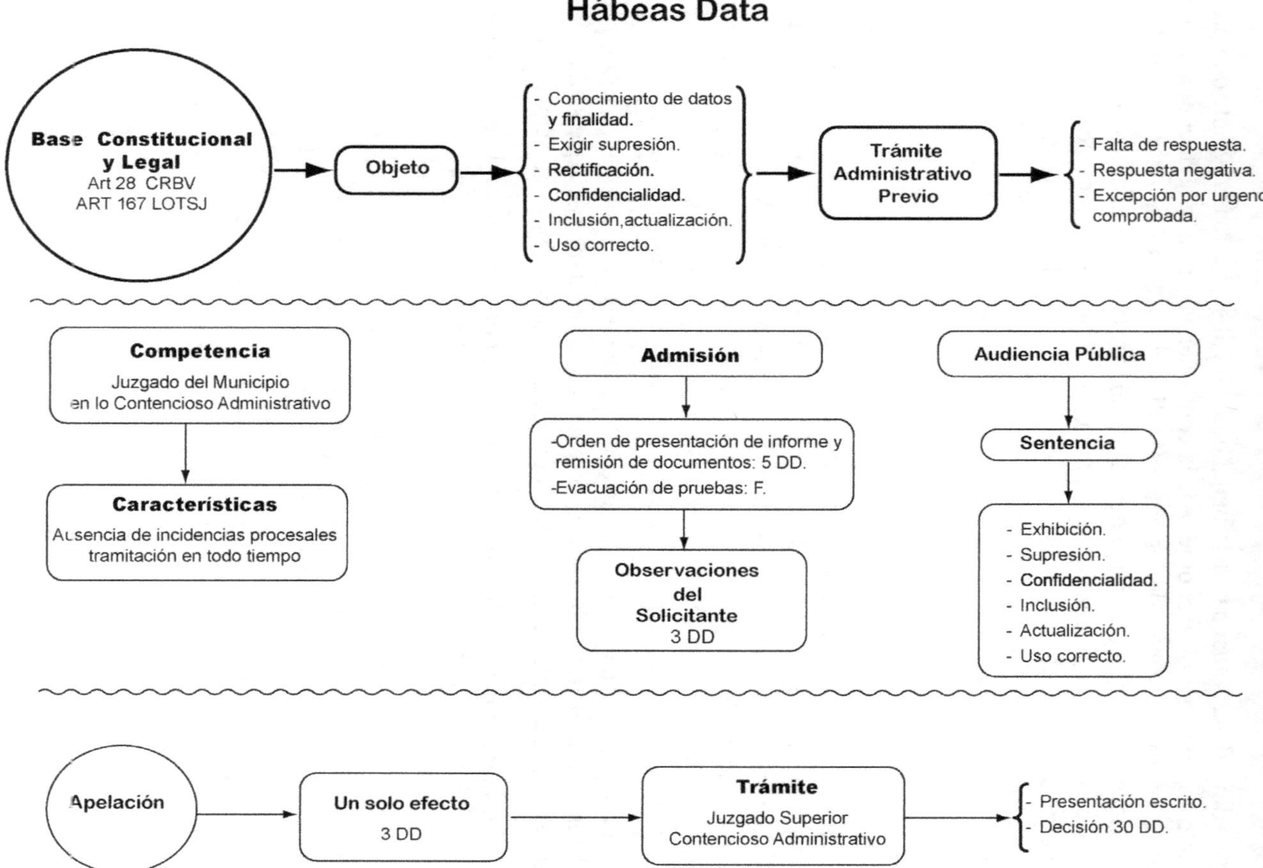

Medidas Cautelares en el Procedimiento de Hábeas Data

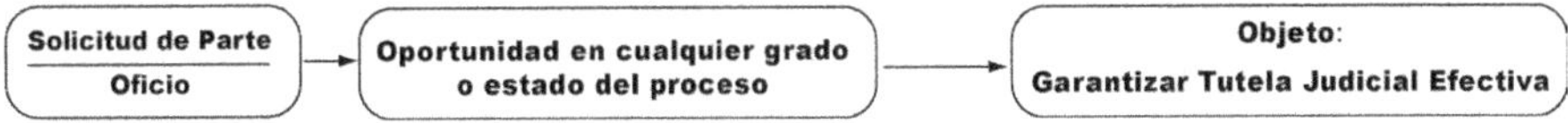

Capítulo XII

Del Hábeas Corpus

Temas del Capítulo

Capítulo XII

Del Hábeas Corpus

Base Constitucional y Legal

Dispone el art. 27 de la CRBV:

> *Art. 27. CRBV: "...la acción de amparo a la libertad o seguridad podrá ser interpuesta por cualquier persona, y el detenido o detenida será puesto bajo la custodia del tribunal de manera inmediata sin dilación alguna. El ejercicio de este derecho no puede ser afectado, en modo alguno, por la declaración del estado de excepción o de la restricción de garantías constitucionales.*

El art. 44.1 constitucional establece:

> *Art. 44. CRBV:*
>
> *(...)*
>
> *La libertad personal es inviolable, en consecuencia: Ninguna persona puede ser arrestada o detenida sino en virtud de una orden judicial, a menos que sea sorprendida infraganti.*

El art. 38 de la LOADYGC establece:

> *Art. 38. LOADYGC: Procede la acción de amparo para proteger la libertad y seguridad personales de acuerdo a las disposiciones del presente Título. A esta acción le serán aplicables las disposiciones de esta Ley pertinentes al amparo en general.*

El COPP en su art. 64 dispone:

> *Art. 64. COPP: Es de la competencia del tribunal de juicio unipersonal el conocimiento de ...También será competente para conocer de la acción de amparo a la libertad y seguridad personales, salvo cuando el presunto agraviante sea un tribunal de la misma instancia , caso en el cual el tribunal competente será el superior jerárquico.*

La libertad personal es un valor superior del ordenamiento jurídico venezolano y que aparece expresamente consagrado en el art. 2 de la CRBV.

La Sala Constitucional —Sentencia No. 191/2012— considera que el derecho a la libertad personal se puede sintetizar como la posibilidad que tiene el hombre de hacer todo aquello que no cause perturbaciones o daños a los demás y desde la perspectiva jurídica supone también la plena independencia, de tal manera que no existan coacciones, limitaciones de carácter público o privado que puedan afectar el desenvolvimiento del individuo.

En ese mismo fallo, la Sala Constitucional considera que el derecho a la libertad personal se proyecta sobre otras garantías constitucionales a favor de la persona, entre ellas se tiene la prohibición de no ser sometido a torturas ni tratos crueles o inhumanos; no ser sometido a tratos degradantes; ser oído públicamente ante un tribunal independiente e imparcial; ser considerado inocente mientras no se prueba la culpabilidad de la persona según la ley y en juicio público; que se respete el debido proceso y el derecho a la defensa en todo estado y grado de la causa, teniendo en cuenta, de igual modo, que todos esos aspectos permiten materializar la tutela judicial efectiva, según lo dispone el art. 26 del texto fundamental.

La Sala Constitucional —Sentencia No. 1.373 del 29-05-03— dejó expresamente establecido que la acción especial que sirve para proteger la libertad personal es el *hábeas corpus*.

Naturaleza Jurídica

La Sala Constitucional —Sentencia del 17/3/00— concibe el Hábeas Corpus como la tuición fundamental de la esfera de la libertad individual, como una verdadera garantía contra posibles arrestos y detenciones arbitrarias.

Según la misma Sala —Sentencia No. 165 del 13/2/01— la procedencia del Hábeas Corpus depende de que la detención haya sido impuesta por una autoridad administrativa, policial o judicial con violación de normas constitucionales y sólo en aquellos casos en que la autoridad se exceda en el ejercicio de sus atribuciones legales o de los plazos correspondientes, podría ser considerada la privación ilegítima de la libertad.

La misma Sala —Sentencia No. 2.182 del 16/9/04— ha establecido que la acción de Hábeas Corpus se extiende a la desaparición forzada de personas, ya que el desconocimiento del lugar donde se encuentra el presunto agraviado no extingue el deber de actuación del órgano judicial el cual debe activar la intervención de los órganos competentes, mediante una decisión ajustada a derecho para que se averigüe el paradero y estado físico de la persona desaparecida, a fin de preservar tanto el derecho fundamental a la vida, que puede encontrarse comprometido, como la tutela judicial efectiva y el debido proceso.

La Sala Constitucional —Sentencia No. 173 del 24/3/00— ha dejado establecido que el hábeas corpus sólo procede para amparar la libertad personal *stricto sensu*, por lo que la restricción de modalidades de la libertad (expresión, pensamiento, libre tránsito, etc) no pueden ser ventiladas a través de esta figura procesal.

Legitimación

El art. 39 de la LOADYGC establece que toda persona que fuere objeto de privación o restricción de su libertad, o se viere amenazada en su seguridad personal, con violación de las garantías constitucionales, tendrá derecho a que se expida mandamiento de Hábeas Corpus a su favor.

La Sala Constitucional ha señalado que corresponde la legitimación activa a cualquier persona que gestione a favor del agraviado

El art. 281.3 de la CRBV confiere al Defensor del Pueblo la atribuciones para ejercer las acción de hábeas corpus cuando fuere procedente de conformidad con la ley.

Competencia

La competencia para conocer del amparo de Hábeas Corpus, ha sido establecida por la Sala Constitucional de la siguiente forma:

- La privación ilegítima por detenciones policiales o administrativas, incluidas las practicadas en acatamiento de sanciones disciplinarias decretadas por los jueces, será conocido por el juez de control —primera instancia en lo penal—.

- La privación judicial preventiva de libertad ordenada por un juez, por considerarse que actuó con abuso de poder o extralimitándose en sus funciones en cualquiera de las fases del proceso penal, con ocasión del conocimiento de la comisión de un delito o falta, con fundamento en el Código Orgánico Procesal Penal o en cualquier otra ley penal, será conocida atendiendo al orden de gradación del órgano en contra de quien se acciona.

Nociones

En el trabajo titulado "El Hábeas Corpus en la Constitución venezolana de 1999"[1] —publicado en www.bibliojurídica.org/libros—, su autor Rutilio Mendoza Gómez propone, con apoyo en la doctrina, como forma de aumentar la eficacia del recurso, la procedencia de varios tipos de hábeas corpus, entre los cuales destacamos los siguientes:

1. **Hábeas Corpus intrínseco:** Se trata del recurso típico para la protección de la libertad personal y consagrado en el artículo 27 de la Constitución de la República.

2. **Hábeas Corpus previsivo:** Se intentaría contra la amenaza de violación del derecho a la libertad y seguridad personal, con fundamento en lo dispuesto en el art. 7° inciso 6 del Pacto de San José, dado que la protección contra las amenazas no puede ser abolida por ningún cuerpo legal.

3. **Hábeas Corpus limitado o restringido:** A intentar en aquellos casos que no se priva de libertad al sujeto, pero se le limita la garantía, aunque en menor grado; entendiendo que este tipo de procedimiento resultaría más expedito que el de amparo constitucional.

4. **Hábeas Corpus de la dignidad:** A intentar no para poner fin al arresto o detención, sino en defensa a la dignidad humana y cuando el detenido o reo sea sometido a tratos vejatorios o lesivos a la dignidad humana.

Procedimiento

La solicitud de Hábeas Corpus será realizada en forma escrita o verbal, debiendo permitirse cualquier tipo de comunicaciones (telefónicas, electrónicas, telemáticas, etc) a efectos de su presentación, y con fundamento en la violación de garantías constitucionales.

El Tribunal que conozca de la solicitud podrá declarar la improcedencia *in limine litis* con base a la falta de empatía entre la pretensión y el derecho aplicable, lo cual hace ineficaz que se instaure un proceso que desde su inicio, resulte evidentemente improcedente; por ejemplo, cuando lo denunciado está relacionada con una actuación judicial que no configura violación a la libertad personal prevista en la Constitución dc la Rcpública.

A los efectos de la declaratoria del Hábeas Corpus, la Sala Constitucional ha establecido que siendo finalidad principal la garantía de la libertad física, así como la integridad y seguridad personal del justiciable frente a las deci-

---

[1] Mendoza Gómez, Rutilio : El Hábeas Corpus en la Constitución Venezolana de 1999.

siones arbitrarias por parte de órganos del Estado, para ello, no se exige más que el examen de la causa de la detención y la competencia de la autoridad.

Según la misma Sala —Sentencia No. 165 del 13/2/01— la procedencia del Hábeas Corpus depende de que la detención haya sido impuesta por una autoridad administrativa, policial o judicial con violación de normas constitucionales y sólo en aquellos casos en que la autoridad se exceda en el ejercicio de sus atribuciones legales o en los plazos en que se mantiene la detención, podría ser considerada la privación ilegítima de la libertad.

En materia de una detención de carácter judicial, la Sala Constitucional ha señalado que procede el Hábeas Corpus cuando las decisiones dictadas no cuenten con un medio ordinario de impugnación o éste no sea acorde con la protección constitucional que se pretende.

La decisión que declare procedente la solicitud de Hábeas Corpus decretará la inmediata libertad del agravio o el cese de las restricciones que se le hubiesen impuesto.

Al procedimiento del Hábeas Corpus le serán aplicables las disposiciones de la LOADYGC pertinentes y vigentes del amparo en general, tal y como lo dispone el art. 38 de la citada ley, lo cual incluye el ejercicio del recurso de apelación.

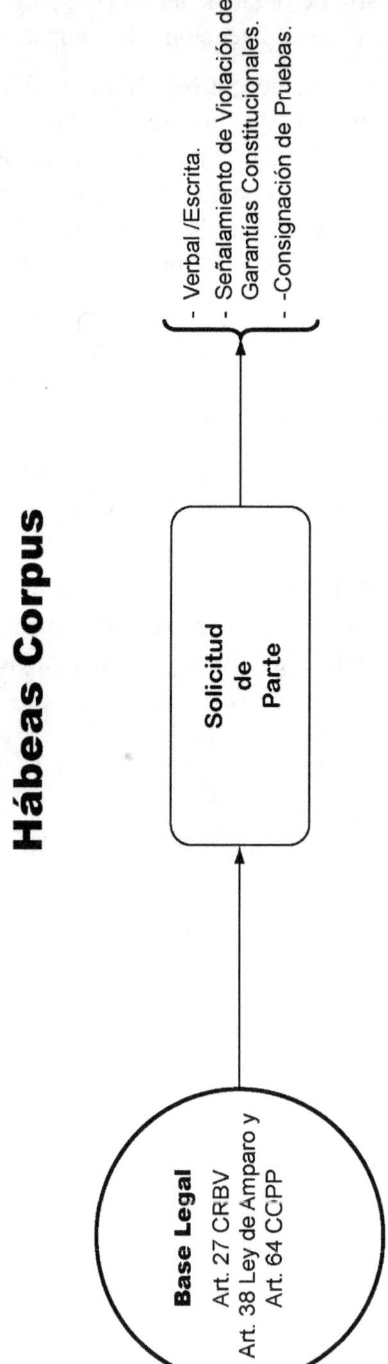
Hábeas Corpus
Solicitud de Parte
Base Legal
Art. 27 CRBV
Art. 38 Ley de Amparo y
Art. 64 COPP
- Verbal /Escrita.
- Señalamiento de Violación de Garantías Constitucionales.
- -Consignación de Pruebas.

Capítulo XIII

Del Avocamiento

Temas del Capítulo:

Capítulo XIII

Del Avocamiento

Base Constitucional y Legal

Dispone el art. 336.11 de la CRBV que son atribuciones de la Sala Constitucional del Tribunal Supremo de Justicia *"Las demás que establezcan esta Constitución y la ley"*.

La Ley Orgánica del Tribunal Supremo de Justicia en su art. 106 establece:

> *Art. 106. CRBV: Cualesquiera de las Salas del Tribunal Supremo de Justicia, en las materias de su respectiva competencia, de oficio o a instancia de parte, con conocimiento sumario de la situación, podrá recabar de cualquier tribunal, en el estado en que se encuentre, cualquier expediente o causa para resolver si la avoca y asume el conocimiento del asunto o, en su defecto, lo asigna a otro Tribunal.*

Naturaleza Jurídica

El avocamiento es una institución jurídica de carácter extraordinario que permite a las Salas del Tribunal Supremo de Justicia sustraer la causa del conocimiento del juez con competencia territorial, cuando el caso lo amerite, y con el propósito de preservar la correcta administración de una justicia libre de obstáculos que puedan interferir en el desarrollo de los procesos.

La Sala Constitucional —Sentencia No. 425 del 4/4/2011— estableció que la potestad del avocamiento funge como el medio para lograr una necesaria armonización de la sociedad, como resultado indispensable para una interpretación de la Constitución que responda a las necesidades de la sociedad en un momento determinado, tomando en cuenta el impacto y alcance de las decisiones que se asuman.

La figura del avocamiento reviste un carácter extraordinario por cuanto afecta la garantía del juez natural y del doble grado de jurisdicción; de allí deriva que las Salas del Máximo Tribunal cuando implementen este procedimiento, deben ceñirse estrictamente al contenido de la norma que regula las condiciones de procedencia de las solicitudes respectivas.

La Sala Político Administrativa del Máximo Tribunal —Sentencia No. 23 del 23-09-99— estableció que el avocamiento como institución jurídica que es, no está destinada a reparar al recurrente el retardo procesal imperante en nuestro sistema judicial, y por esa razón, bajo ese único argumento no podría avocarse la Sala al conocimiento de un asunto, pues se estaría pervirtiendo una institución jurídica excepcional, convirtiéndola en un recurso ordinario.

Objeto

Según la Sala Constitucional —Sentencia No. 511 del 5/4/04— el objeto de la figura procesal del avocamiento es traer al Tribunal Supremo de Justicia, en sus diferentes Salas y de acuerdo a la naturaleza del asunto discutido, cualquier juicio que por su gravedad y por las consecuencias que pudiere producir un fallo desatinado, amerite un tratamiento de excepción y con el fin de prevenir, antes que se produzca, una situación de caos, desquiciamiento, anarquía o cualesquiera otros inconvenientes a los altos intereses de la Nación que pudieran perturbar el normal desenvolvimiento de las actividades políticas, económicas y sociales consagradas en la Carta Fundamental.

Competencia

El art. 106 de la LOTSJ consagra lo que había sido establecido por la jurisprudencia de la Sala Constitucional y en el sentido que cualquiera de las Salas del Máximo Tribunal, en las materias de sus respectivas competencias, podrán recabar cualquier expediente para resolver si asume directamente el conocimiento del asunto, o es su defecto, lo asigna a otro tribunal.

La Sala Constitucional —Sentencia No. 566 del 12/4/04— determinó que no existen límites para que la misma como máximo intérprete de las normas y principios constitucionales y en aras de velar por su correcta aplicación, pueda avocarse al conocimiento de un asunto cursante en un expediente de otra Sala, lo cual no implica superioridad jerárquica, sino la potestad para garantizar la supremacía constitucional; en tal sentido, la Sala Constitucional expresa que el avocamiento no necesariamente funciona de superior a inferior.

Procedimiento

Dispone el art. 107 de la LOTSJ que el avocamiento será ejercido con suma prudencia y sólo en caso de graves desordenes procesales o escandalosas violaciones al ordenamiento jurídico que perjudiquen ostensiblemente la imagen del Poder Judicial, la paz pública o la institucionalidad democrática.

El avocamiento se desarrolla en dos etapas procesales que se pueden describir de la siguiente forma:

1. Presentación de la solicitud y determinación de los requisitos de procedencia, a saber:

   a) Que el asunto judicial curse en algún otro tribunal;

   b) Que el asunto rebase el interés privado y afecte el interés público, o que exista la necesidad de evitar flagrantes injusticias;

   c) Que el asunto verse sobre una materia que no esté prohibida expresa y directamente a la Sala.

2. Avocarse propiamente al conocimiento del asunto y dictar la decisión correspondiente.

La solicitud de avocamiento puede ser *admitida especialmente* cuando la Sala considere imprescindible revisar el expediente a fin de verificar directamente las denuncias realizadas; en razón de ello podrá suspender el proceso seguido y acordar requerir el envío del expediente, para posteriormente emitir su pronunciamiento definitivo.

De acuerdo al criterio de la Sala Constitucional si introducida la solicitud de avocamiento, y antes que la Sala respectiva emita el pronunciamiento, la parte solicitante no demuestra interés alguno en la resolución del asunto se declarará terminado el procedimiento por abandono del trámite. Los elementos para considerar el referido abandono son que se deje transcurrir un tiempo suficiente, bien prolongado o indefinido, que denote negligencia, y que haga presumir a la Sala que el actor realmente no tiene interés en obtener una solución al caso planteado.

Con la solicitud de avocamiento deberá acreditarse que las irregularidades denunciadas fueron oportunamente reclamadas, sin éxito, en la instancia correspondiente y a través de los medios ordinarios. En este sentido, se debe reiterar que según el criterio de la Sala Político Administrativa —Sentencia del 23/9/1999 caso Fiscal General de la República— el avocamiento como institución jurídica que es, no está destinada a reparar al recurrente el retardo procesal imperante en nuestro sistema judicial.

En materia penal, con la solicitud de avocamiento puede proponerse la de radicación del juicio y de acuerdo a los términos previstos en el artículo 64 del Código Orgánico Procesal Penal.

Una vez admitida la solicitud, se oficiará al tribunal de instancia requiriéndole el expediente respectivo, y podrá la Sala ordenar la suspensión del curso de la causa así como la prohibición de realizar cualquier clase de actuación.

De acuerdo a los términos contenidos en el art. 109 de la LOTSJ, la decisión de la respectiva Sala que declare procedente el avocamiento podrá decretar la nulidad de actuaciones procesales así como la reposición de la causa al estado pertinente, y podrá ordenar que el conocimiento del proceso continúe en otro tribunal competente, así como adoptar cualquier medida legal que estime idónea para el restablecimiento del orden jurídico que haya sido infringido.

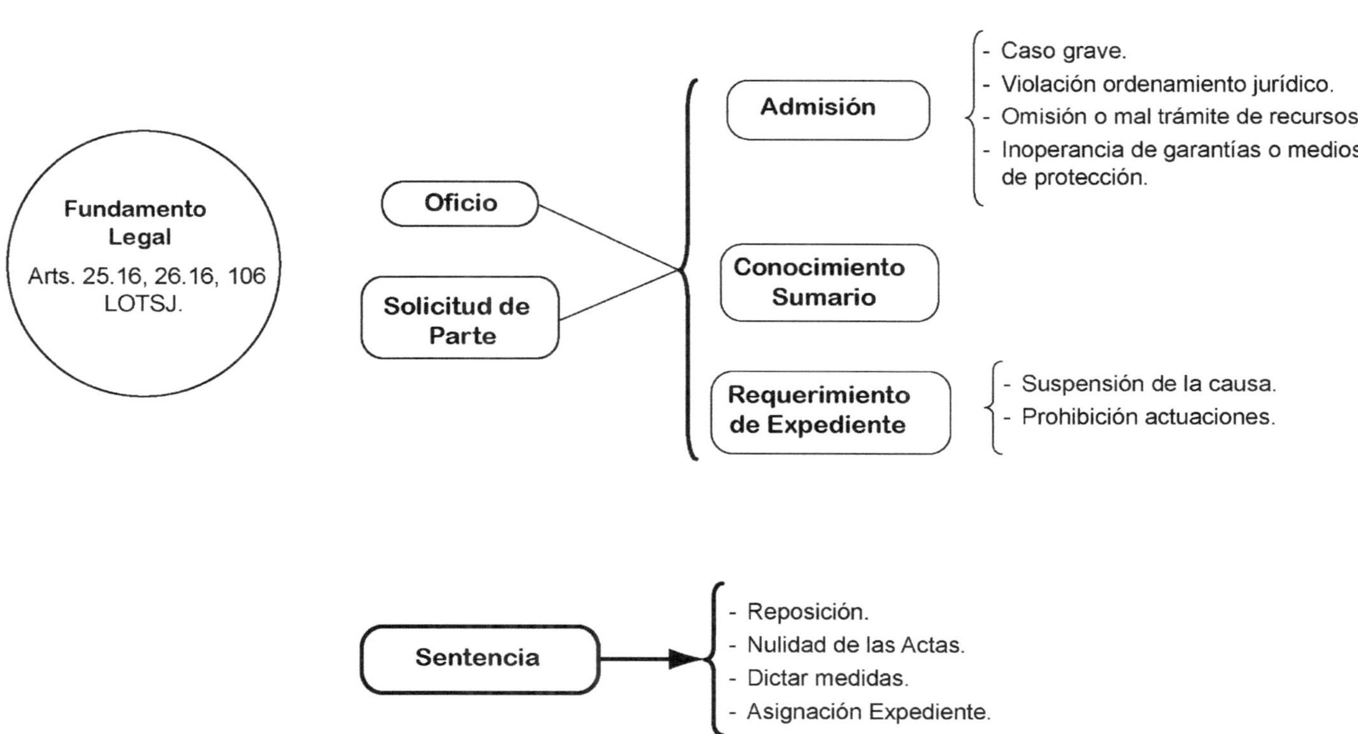

Avocamiento
Fundamento Legal
Arts. 25.16, 26.16, 106 LOTSJ.
Oficio
Solicitud de Parte
Admisión
- Caso grave.
- Violación ordenamiento jurídico.
- Omisión o mal trámite de recursos.
- Inoperancia de garantías o medios de protección.
Conocimiento Sumario
Requerimiento de Expediente
- Suspensión de la causa.
- Prohibición actuaciones.
Sentencia
- Reposición.
- Nulidad de las Actas.
- Dictar medidas.
- Asignación Expediente.

Capítulo XIV

De la Radicación

Capítulo XIV

De la Radicación

Base Constitucional y Legal

El artículo 26 de la Constitución de la República dispone:

> *Art. 26. CRBV: El Estado garantizará una justicia gratuita, accesible, imparcial, idónea, transparente, autónoma, independiente, responsable, equitativa y expedita, sin dilaciones indebidas, sin formalismos o reposiciones inútiles.*

El art. 64 del COPP establece:

> *Art. 64. COPP: Procederá la radicación a solicitud de las partes, en los siguientes casos:*
> *1. Cuando se trate de delitos graves, cuya perpetración cause alarma, sensación o escándalo público.*
> *2. Cuando por recusación, inhibición o excusa de los jueces o juezas titulares y de sus suplentes respectivos, el proceso se paralice indefinidamente, después de presentada la acusación por el o la fiscal.*
> *El Tribunal Supremo de Justicia, a solicitud de cualquiera de las partes, podrá ordenar, en auto razonado, que el juicio se radique en un Circuito Judicial Penal de otra Circunscripción Judicial que señalará. Dicha decisión deberá dictarla dentro de los diez días siguientes al recibo de la solicitud.*

Naturaleza Jurídica

La Sala Constitucional atendiendo lo previsto en los arts. 26 y 257 de la CRBV, ha establecido que la radicación es una *figura procesal* prevista como una excepción a la regla de la competencia por el territorio que, a diferencia de la competencia por la materia, es derogable pues no trastoca la idoneidad del juez, por el contrario la radicación mantiene y preserva-en cambio- las condiciones que dicho juez debe reunir para administrar justicia —objetividad, independencia e imparcialidad—, conforme lo impone el Texto Fundamental, al trasladarse el conocimiento de la causa a un juez con competencia en la materia pero de otra localidad.

Es por tanto, una garantía legal al debido proceso consagrado en el art. 49 constitucional, que no sólo comporta el derecho a la defensa y de acceso a los órganos de justicia, sino el derecho a ser juzgado por sus jueces naturales.

Competencia

El art. 64 del COPP consagra la figura de la radicación en un proceso penal, sin embargo la Sala Constitucional considerando las incidencias dilatorias que puedan acontecer en un proceso y que pudieran atentar contra la justicia célere e idónea a que se refiere el artículo 26 constitucional, puede ordenar a fin de preservar los valores constitucionales, la radicación del juicio en cualquier clase de proceso, dado que la misma no es una institución exclusiva del proceso penal, donde es reconocida.

Procedimiento

La radicación procede a instancia de parte o por decreto de oficio de alguna de las Salas del Tribunal Supremo de Justicia. De acuerdo a lo doctrina de la Sala Constitucional, las solicitudes de radicación que se interpongan de forma autónoma ante la Sala, serán procedentes únicamente frente a situaciones excepcionalmente graves que distorsionen los principios del juez natural y la jurisdicción correspondiente.

El art. 64 del COPP dispone que la radicación se propondrá en los casos de delitos cuya perpetración cause alarma, sensación o escándalo público, o cuando por recusación, inhibición o excusa de los jueces titulares y de sus suplentes y conjueces, el proceso se paralice indefinidamente luego de la acusación fiscal. La Sala Penal del Tribunal Supremo de Justicia ha venido señalado que para que proceda la radicación de un juicio, debe darse por lo menos uno de los supuestos del referido art. 64 de la ley adjetiva penal.

Dentro de los requisitos de procebilidad, se encuentra el de legitimidad del solicitante de la radicación. En cuanto a la gravedad del delito, la Sala Penal entiende que debe interpretarse de una manera lata y general, más no restringida; esto es, que la gravedad va a depender del perjuicio o daño ocasionado a la colectividad o al individuo, teniendo en cuenta factores tan diversos como la condición del agresor y del agredido, las relaciones existentes entre ellos, las funciones que desempeñan en la sociedad de que forman parte, los medios utilizados, la forma de cometer el hecho, más las circunstancias atenuantes, agravantes o eximentes de responsabilidad. En cuanto al escándalo y alarma que requiere la ley, es aquél entendido como causa de inquietud, susto, sensación, de peligro real más allá de una amenaza, que efectivamente oprima y afecte sustancialmente a las partes en litigio, al proceso en sí mismo y a las garantías que en éste deben resguardarse.

La Sala Constitucional —Sentencia del 20/6/02 caso sucesora de la Comunidad del Sitio de Suárez— ha considerado como motivo para la procedencia de la radicación, la dilación judicial excesiva. En tal sentido ha señalado, que cuando los jueces de primera y segunda instancia que conocen de una causa, no puedan corregir la dilación indefinida proveniente de peticiones abusivas, ellos no pueden administrar justicia; indicando igualmente, que el proceso no está diseñado para que se llene de peticiones, fuera de las expresamente previstas en la ley, y para que estas peticiones no previstas, formen un laberinto que impida el avance del proceso.

La Sala que conozca de la radicación solicitada, podrá requerir informes acerca del estado actual de la causa o de cualquier otro asunto que estime pertinente, a los fines de emitir el pronunciamiento correspondiente.

La Sala que conozca de la radicación, determinará por medio de auto razonado la procedencia de la solicitud de radicación y dispondrá cual tribunal deberá seguir conociendo del juicio, y en tal sentido deberá considerar que ante el órgano jurisdiccional designado no se repitan las circunstancias que motivaron el traslado así como también que no se afecten los derechos de las partes especialmente en lo que atañe al ejercicio de la defensa; asimismo el auto que se dicte podrá ordenar al tribunal designado la realización o cumplimiento de las actuaciones procesales que estime pertinentes.

La decisión de la Sala deberá ser motivada, ya que de no hacerlo se configuraría un errado control de la constitucionalidad en relación con el derecho fundamental de las partes al debido proceso, en su concreción del juez natural; lo cual podría dar lugar a un recurso de revisión constitucional.

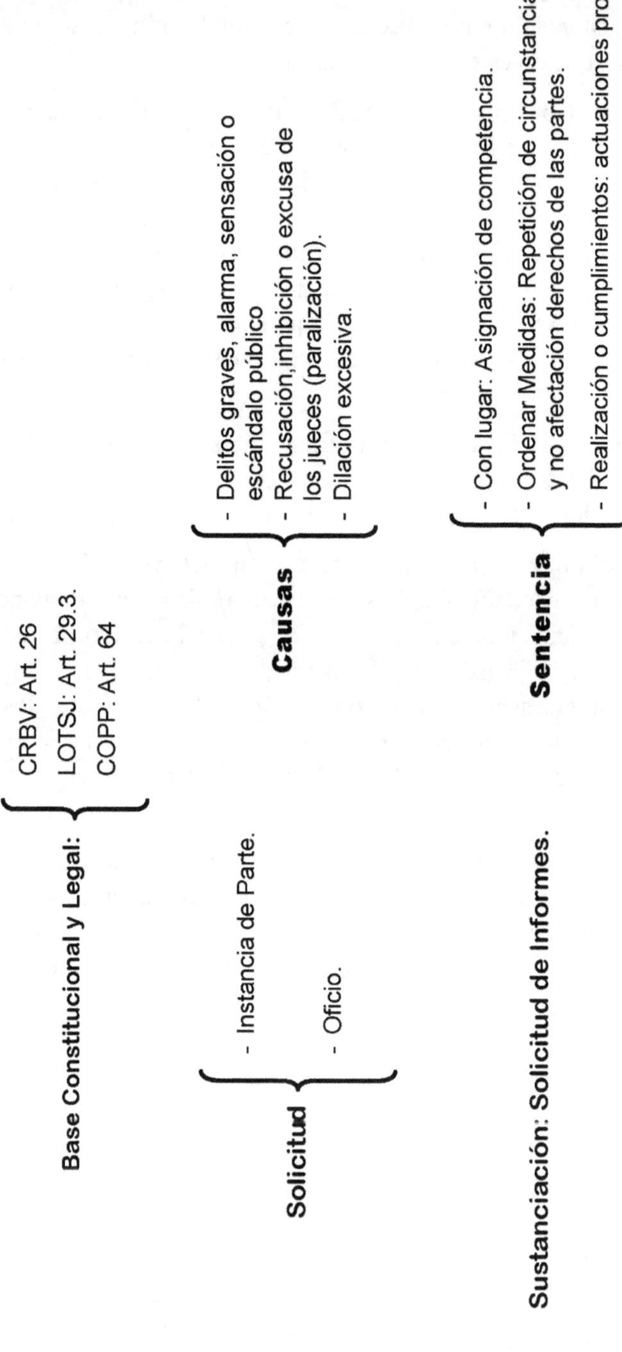
Radicación
Base Constitucional y Legal:
CRBV: Art. 26
LOTSJ: Art. 29.3.
COPP: Art. 64
Solicitud
- Instancia de Parte.
- Oficio.
Causas
- Delitos graves, alarma, sensación o escándalo público
- Recusación,inhibición o excusa de los jueces (paralización).
- Dilación excesiva.
Sentencia
- Con lugar: Asignación de competencia.
- Ordenar Medidas: Repetición de circunstancias y no afectación derechos de las partes.
- Realización o cumplimientos: actuaciones procesales.
Sustanciación: Solicitud de Informes.

Capítulo XV

Del Antejuicio de Mérito

Temas del Capítulo

Capítulo XV

Del Antejuicio de Mérito

Base Constitucional y Legal

El art. 266 numerales 1 y 2 de la CRBV establece que son atribuciones del Tribunal Supremo de Justicia declarar si hay mérito para el enjuiciamiento del Presidente de la República y de los altos funcionarios públicos.

Los arts. 110 y 112 de la LOTSJ asignan la competencia a la Sala Plena del Máximo Tribunal para declarar si hay mérito para el enjuiciamiento del Presidente de la República y de los altos funcionarios públicos.

Naturaleza Jurídica

La Sala Plena del TSJ —Sentencia del 11/5/00— considera que se trata de una prerrogativa o privilegio procesal que establece una competencia especial en el Tribunal Supremo de Justicia para que en los casos de acusación penal contra los altos funcionarios del Gobierno, se declare previamente si hay o no mérito para su enjuiciamiento, pues no es lógico ni el interés del Estado así lo permite, que estos funcionarios puedan verse entrabados en sus complejas funciones por cualquier acusación que fuere dado hacerles cualquier ciudadano, sin ser suficientemente seria y fundada.

La misma Sala —Sentencia No. 29 del 30/4/08— ha señalado que el régimen del antejuicio de mérito consiste en un privilegio para las más altas autoridades del Estado, que tiene por objeto proteger la labor de los funcionarios públicos que ocupan y desempeñan cargos de alta relevancia, en procura de la continuidad en el desempeño de las tareas esenciales que corresponden al ejercicio de la función pública.

Legitimación

Dispone el art. 115 de la LOTSJ que la solicitud de Antejuicio de Mérito podrá ser realizada por quien se considere víctima en los delitos cuya acción es dependiente de la parte agraviada.

Por cuanto la ley otorga al Fiscal General de la República la titularidad de la acción penal, a éste corresponderá la facultad para proponer formalmente la solicitud de antejuicio de mérito.

Competencia

Corresponde a la Sala Plena del Tribunal Supremo de Justicia declarar si hay o no mérito para el enjuiciamiento del Presidente de la República; del Vicepresidente Ejecutivo; de los integrantes de la Asamblea Nacional o del Tribunal Supremo de Justicia; de los Ministros del Poder Popular; del Procurador General de la República; del Fiscal General de la República; del Contralor General de la República; del Defensor del Pueblo; de los Rectores del Consejo Nacional Electoral; de los Gobernadores de Estado; Oficiales Generales y Almirantes de la Fuerza Armada Nacional Bolivariana en funciones de Comando; de los Jefes de Misiones Diplomáticas de la República.

De haber mérito para el enjuiciamiento y si se trata de delitos comunes, conocerá del juicio el juez competente conforme a lo contemplado en el Código Orgánico Procesal Penal. Si el delito es de naturaleza política, conocerá de la causa la Sala Plena del Tribunal Supremo de Justicia.

La Sala Plena —Sentencia No. 7 del 23-02-12— ha considerado que no sólo es competente para conocer de una solicitud de antejuicio de mérito contra el Presidente o Presidenta de la República o quien haga sus veces y otros altos funcionarios del Estado, sino también de las solicitudes conexas de sobreseimiento o de desestimación de denuncias formuladas en su contra, pues son actos procesales estrechamente vinculados al enjuiciamiento, al extremo que, dependiendo de lo decidido, el pronunciamiento que se formule podría incluir directamente en aquellos, razón por lo cual, dejar tales pronunciamientos en un órgano jurisdiccional distinto a lo ordenado por el Texto Fundamental implicaría una franca subversión al mismo.

Delitos Políticos

La Sala Constitucional —Sentencia No. 1.684 del 4/11/08— considera que los delitos políticos son aquellos que atentan contra los poderes públicos y el orden constitucional, concretamente los delitos de rebelión y sedición, así como también los que atentan contra la seguridad de la Nación, entre ellos los de traición y el espionaje.

Estos delitos se pueden apreciar desde un punto de vista objetivo o desde un punto de vista subjetivo. Desde el primer punto de vista, es delito político aquel que se realiza concomitantemente con actos de perturbación política. Desde el punto de vista subjetivo, el delito es político cuando concurre a su apreciación la intención de autor, es decir, el móvil personal y psicológico del autor.

Procedimiento

La solicitud de antejuicio de mérito en relación con los delitos cuya acción es dependiente de la parte agraviada —Art. 25 del COPP —, será realizada ante la Sala Plena del Tribunal Supremo de Justicia por quien se considere víctima y deberá aportar las pruebas que acrediten la verosimilitud de los hechos en que se basa la petición.

Corresponderá al Juzgado de Sustanciación de la Sala Plena admitir, a los solos efectos de trámite, la solicitud presentada para lo cual notificará al Fiscal General de la República a fin de que ordene la investigación sobre la perpetración del delito, hacer constar su comisión y responsabilidad, y de ser el caso proponga formalmente el antejuicio de mérito. Ordenada la proposición del antejuicio y a cuyos efectos se determinará el tiempo correspondiente, si el Fiscal General de la República no cumple con tal mandato, la Sala Plena indicará que su suplente lo incoe, o en su defecto procederá a designar un Fiscal que lo interponga.

Si la solicitud de antejuicio de mérito incoada por los particulares es declarada sin lugar, ello no implica que el Fiscal General de la República no pueda volver a proponerla por los mismos delitos.

Presentada la solicitud formal de antejuicio de mérito, se procederá a su admisión por parte de la Sala Plena, la cual convocará a una audiencia pública que tendrá lugar dentro de los treinta (30) días continuos siguientes; a tales efectos, se ordenará el emplazamiento del Fiscal General de la República y del funcionario investigado, quien deberá estar asistido o representado por un defensor privado, en caso de no constar tal nombramiento la Sala designará un Defensor Público.

En la audiencia pública, el Fiscal General de la República, en primer término, expondrá los argumentos de hecho y de derecho en que se basa la solicitud de antejuicio de mérito. Seguidamente el funcionario y su defensor expondrán sus argumentos; la falta de comparecencia del funcionario dará lugar a la celebración de la audiencia con la sola presencia del defensor privado o público, según sea el caso. Concluidas las exposiciones iniciales, se concederán los derechos de réplica y contrarréplica.

La Sala Plena dentro de los treinta (30) días continuos siguientes a la celebración de la audiencia pública, dictará sentencia declarando si hay mérito o no para el enjuiciamiento del funcionario, sin que tal decisión prejuzgue acerca de su responsabilidad penal. De haber mérito para el enjuiciamiento y el delito es de naturaleza común, se remitirán las actuaciones al Fiscal del Ministerio Público para que inicie la averiguación penal y dicte el acto conclusivo correspondiente, debiendo seguirse el procedimiento ordinario previsto en el Código Orgánico Procesal Penal y cuyo conocimiento corresponderá al juez competente según las normas de asignación previstas en el mencionado código. De haber mérito para el enjuiciamiento en caso de un delito de naturaleza política, el trámite del proceso se seguirá ante la misma Sala Plena según las reglas del procedimiento ordinario contenidos en el Código Orgánico Procesal Penal. Si la Sala Plena declara que no hay mérito para el enjuiciamiento se decretará el sobreseimiento y se ordenará el archivo del expediente.

En caso que la Sala Plena declare que hay mérito para el enjuiciamiento del Presidente de la República, a los efectos del conocimiento de la causa se deberá solicitar la autorización de la Asamblea Nacional, que deberá ser aprobada por el cuerpo legislativo con el voto favorable de las dos terceras (2/3) partes de sus miembros, sea cual fuere la naturaleza del delito. Cuando se declare que hay mérito para el enjuiciamiento de los Diputados de la Asamblea Nacional, la Sala deberá solicitar a ese cuerpo legislativo el allanamiento de la inmunidad parlamentaria a los efectos de iniciar el proceso respectivo y adoptar las medidas limitativas o restrictivas de la libertad del funcionario.

La Sala Plena del Tribunal Supremo de Justicia, a petición del Fiscal General de la República, conocerá a los efectos de su decisión, de la solicitud de desestimación de la denuncia o querella así como de la solicitud de sobreseimiento que se formule conforme a las causales contenidas en el Código Orgánico Procesal Penal.

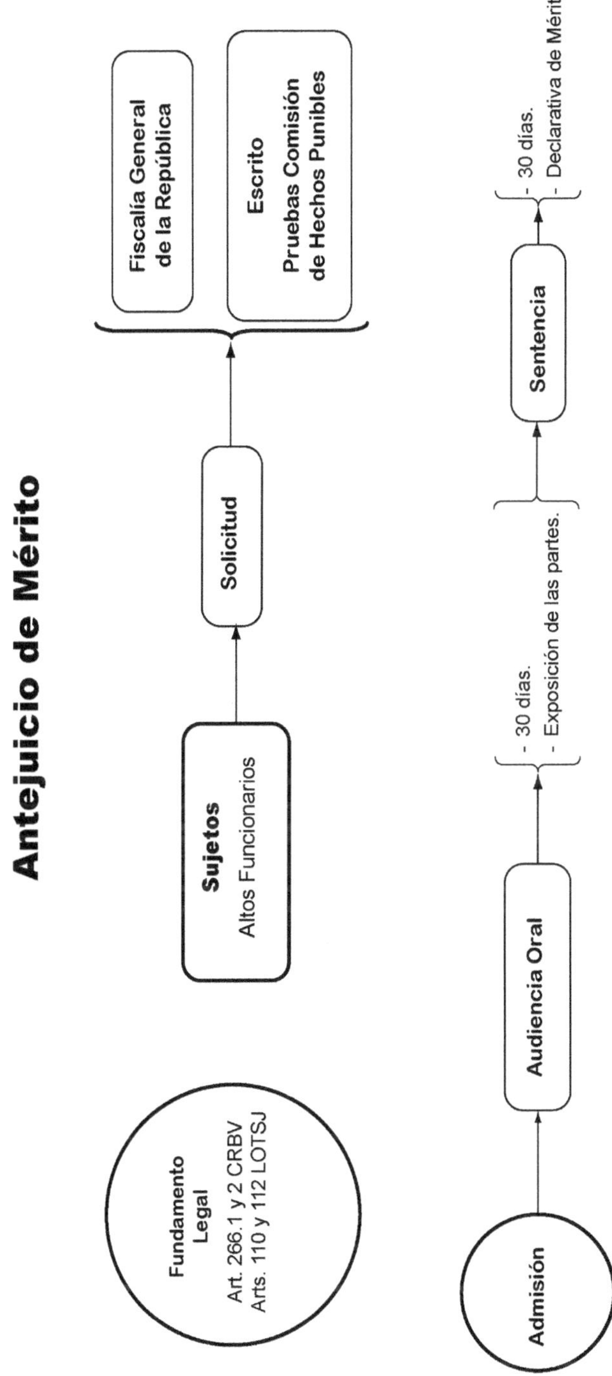
Antejuicio de Mérito
Fundamento Legal
Art. 266.1 y 2 CRBV
Arts. 110 y 112 LOTSJ
Sujetos
Altos Funcionarios
Solicitud
Fiscalía General de la República
Escrito
Pruebas Comisión de Hechos Punibles
Admisión
Audiencia Oral
- 30 días.
- Exposición de las partes.
Sentencia
- 30 días.
- Declarativa de Méritos.

Bibliografía

Alvarado Andrade, Jesús María. (2010). *"Reflexiones sobre la Justicia Constitucional como Función Republicana. Temas de Derecho Constitucional y Administrativo"*. LIbro Homenaje a Josefina Calcaño de Temeltas. Ediciones Funeda. Caracas.

Bello Lozano, Humberto. (1975). *"Síntesis de Derecho Procesal Civil"*. Editorial Estrados. Caracas.

Bello Lozano, Humberto y Bello Lozano Márquez, Antonio. (1986). *"Teoría General del Proceso"*. Editorial Estrados. Caracas.

Brewer Carías, Allan y Hernández M, Víctor. (2010). *"Ley Orgánica del Tribunal Supremo de Justicia"*. Editorial Jurídica Venezolana. Caracas.

Devis Echandía, Hernando. (1966). *"Derecho Procesal Civil"*. Aguilar S. A. de Ediciones. Madrid.

Duque Corredor, Román. (2008). *"Temario de Derecho Constitucional y Derecho Público"*. Legis, Información y Soluciones. Colombia.

Escobar León, Ramón. (2005). *"El Precedente Constitucional. El Estado Constitucional y el Derecho Administrativo en Venezuela"*. Libro Homenaje a Tomás Polanco Alcántara. Instituto de Derecho Público. UCV. Caracas.

García Belaunde, Domingo. (2001). *"Derecho Procesal Constitucional"*. Editorial Temis, S.A. Bogotá.

Granadillo Colmenares, Nancy. (2010). *"Sentencias Vinculantes de la Sala Constitucional del Tribunal Supremo de Justicia"*. Ediciones Paredes. Caracas.

Ortiz Álvarez, Luis y Henríquez M, Giancarlos. (2004). *"Las Grandes Decisiones de la Jurisprudencia de la Sala Constitucional.* Editorial Sherwood. Caracas.

Peña Solís, José. (2009). *"Las Fuentes del Derecho en el Marco de la Constitución de 1999"*. Ediciones Funeda. Caracas.

Pérez Tremps, Pablo. (2010). *"Sistema de Justicia Constitucional"*. Editorial Aranzadi, S.A. Pamplona. España.

Pucinelli, Oscar. (1999). "El Hábeas Data en Indoiberoamérica". Editorial Temis, S.A. Bogotá.

Rengel Romberg, Arístides. (1992). "Tratado de Derecho Procesal Civil Venezolano". Editorial Arte. Caracas.

Rivera Morales, Rodrigo. (2009). "Recursos Procesales". Librería J. Rincón G. Barquisimeto. Venezuela.

Producción General

Ricardo Ulloa Esteves
www.ricardoulloaesteves.com
Caracas - Venezuela

LECCIONES DE DERECHO PROCESAL CONSTITUCIONAL

PROCESOS JUDICIALES DE NATURALEZA CONSTITUCIONAL

Antonio J. Bello Lozano Márquez

Este libro se imprimió y encuadernó en los talleres de
O! Ediciones y Gráficas León, C.A.,
Caracas - Venezuela
Febrero 2013

www.oediciones.com

www.ingramcontent.com/pod-product-compliance
Lightning Source LLC
Chambersburg PA
CBHW071745150726
47998CB00005B/1815